KB235169

한국문화에서
가족
목회상담

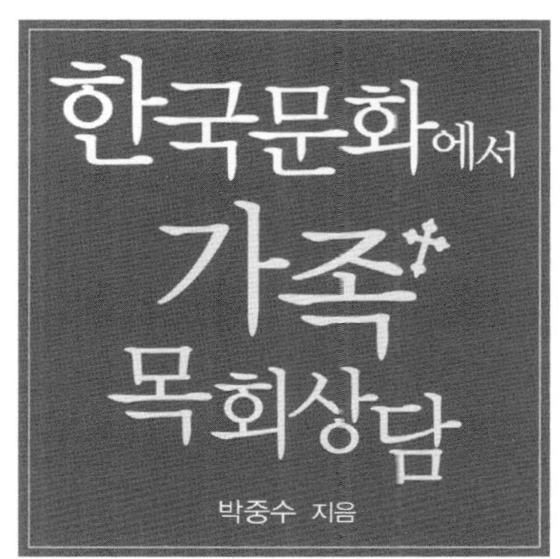

한국학술정보㈜

감사글

나의 연구와 저술을 통해서 이 책이 출간되도록 도움을 준 사람들에게 감사하고 싶다.

나에게 너무도 많은 삶, 사랑 그리고 가족을 가르쳐준 나의 가족인 아내 이순옥, 아들 박주성에게.

나에게 용기와 중요한 지혜를 주었던 스승이시며 멘토(mentor)이신 오성춘 목사님과 James Newton Poling, Robert Moore에게.

신학과 경험에 관하여 나에게 가르쳐준 갈등 가운데 힘들었던 가족들과 내담자, 그리고 학생들에게.

나의 원고를 읽어주고 비평해 준 나의 학생이었던 김애란 전도사에게.

이 책을 출간할 수 있도록 배려를 해주신 한국학술정보(주)와 독자들에게.

머리말

세상에 있는 많은 기관들 중에 우리를 수용해 주고 인정해 주는 유일한 것이 가족이라고 말하고 싶다. 가족은 우리의 아픔과 어려움을 어루만져 주는 엄마의 품과 같은 곳이다. 그래서 우리가 가족을 떠날지라도 가족은 우리를 떠나지 않는다.

21세기의 한국 가족은 힘찬 역동으로 수많은 변화를 맞이하면서 새롭게 모습을 바꾸어간다. 전통한국 문화가 점점 변해서 새롭고 세계적인 문화를 창조하는 독특성을 추구하는 문화로서 정착한다. 그래서 옛것에 대한 아쉬움과 다가올 새로운 것에 대한 설렘으로 채워지는 현대 한국문화는 지속적으로 변화와 창조를 이루어 가고 있다. 이러한 와중에서 한국 가족은 새로운 문화에 적응하면서 창조적이고 역동적인 가치를 실현하려고 갈등의 과정을 통과하고 있다. 전통에 대한 향수와 미래에 대한 기대가 가족 한가운데서 꿈틀거리고 있다. 변화란 살아 있음의 증거요, 발전이라는 희망을 소원할 수 있는 의지가 될 수 있다.

한국 가족의 치명적인 아픔이라고 할 수 있는 실체는 가족 구성원에 대한 평등성을 구체적으로 실천하지 못하고 있는 것이다. 가족 구성원은 서로 다르다. 가족 구성원들의 신체, 정신, 가치관 등등이 달라야 한다. 다르다는 것은 문제가 아니라 다르다는 것에 우월과 열등이라는 것으로 차별하여 판단하는 것이 문제이다.

이러한 가치 판단은 가족 구성들 사이에 상처를 주고 상처를 받게 되는 관계를 만들어낸다. 그래서 남성과 여성, 같은 성, 성인과 아동, 한국인과 외국인이 의도적으로 차별을 받아서 신체적이고 심리적으로 위축되게 산다. 이렇게 살도록 합리화시킨 이념은 가부장제이다. 가부장제는 인간의 독특성과 창조성을 왜곡하고 파괴한다는 점에서 악이다. 악으로서의 가부장제는 인간의 개별성과 공동체성을 파괴한다. 그래서 인간 본연의 모습을 왜곡시키고 가능성을 억제하며 파멸시키는 이념이다. 한국 가족은 가부장제라는 이념을 바탕으로 유지되어 왔다. 가부장제는 오랫동안 한국인, 특히 여성에게 치명적으로 비인간화라는 지울 수 없는 아픔을 주고 있다. 우리는 그것을 한이라고 표현한다. 한이란 마음 판에 지울 수 없는 아픔이라는 도장을 찍는 것과 같다. 한이라는 아픔을 가족 구성원들이 서로 치유하는 마음으로 살아가는 것이 아니라 아픈 그 마음을 더욱더 아프게 하면서 살아간다. 그것이 바로 시어머니와 며느리의 갈등, 즉 고부간의 갈등이다. 이 갈등은 심리적 아픔만이 아니라 심지어 신체적 아픔의 형태로 나타난다. 나아가서 자살이라는 죽음의 경지까지로 몰아간다.

폴 틸리히(Paul Tillich)는 고부간의 갈등을 신학적으로 힘과 사랑, 그리고 관계성으로 해석하면서 대안을 제안한다. 또한 알프레드 애들러(Alfred Adler)는 힘, 사회적 관심, 그리고 가족 갈등을 개인 심리학적인 접근 방법으로 분석한다. 고부간의 갈등을 가족 목회상담학적 접근으로 문제를 더 깊게 분석한다. 특히 애들러(Alfred Adler)의 가족 치료 방법론과 미누친(Salvador Minuchin)의 구조적 가족치료의 방법론으로 해결방안을 제시한다. 마지막으로 여권주의 입장에서 불평등의 상태를 극복하고 새로운 여성 자신의 입장을 강화하기 위해서 방법론을 제시한다.

저자는 아픔과 슬픔으로 점철된 한국 여성들의 마음 한 구석에 자리 잡고 있는 서러움 안에서 한 평생을 살아온 한국의 가족에게 조금이나마 도움이 되었으면 하는 마음에서 출간하게 되었다. 특히 우리는 교회를 사랑의 공동체, 구원의 공동체라고 고백하지만 오히려 하나님의 백성들을 억압하며 상처를 주는 공동체로 나타나는 현상에 슬픔으로 고백한다.

건강한 주의 백성, 사랑을 줄 수 있고 사랑을 받을 수 있는 하나님의 가족, 한국 교회가 되기를 기도한다.

박중수

추천사

가정은 하나님께서 사람들에게 주신 최고의 선물 가운데 하나입니다. 가정은 인간의 생존권입니다. 가정은 축복의 통로입니다. 하나님은 가정을 통해서 하늘의 복을 받을 수 있게 하셨습니다. 언제나 가정은 하나님 사랑, 기쁨, 그리고 평안이 넘치는 곳이 되어야 합니다.

그런데 사람이 하나님을 바라보고 하나님의 말씀에 귀를 기울여야 하는데 마귀의 음성을 듣고 먹음직하고 보암직하고 먹으면 지혜롭게 할 것 같은 선악과를 바라보았을 때 가정은 깨어지고 죄악과 싸움, 그리고 한숨과 고통의 장소로 변하겼습니다. 모든 사람들은 아름답고 행복한 가정을 꿈꾸지만 힘들고 불행한 가정을 만납니다. 하나님께서 계획한 아름답고 행복한 가정, 하늘의 축복이 강물같이 흐르는 가정의 회복은 가능한 것인가?

수많은 사람들이 이것을 위해 기도하며 배우고 가르치고 있습니다. 박중수 교수가 저술한 『한국문화에서 가족목회상담』은 축복의 통로로 가정을 회복시키는 방법을 찾기 위한 노력 가운데 하나입니다. 이 책은 특히 한국문화가 가족들에게 주는 갈등과 아픔, 그리고 본래적 가능성들을 다루면서 사회학적, 심리학적, 성서적, 신학적, 그리고 목회상담학적 분석과 중재를 통하여 통전적으로 가족상담, 가정회복을 다루는 좋은 책입니다. 박중수 교수의 깊이 있는 한국문화 이해와 가족상담 이해가 어우러지는 귀중한 자원이 될 것입니다.

이 책은 가족의 갈등과 아픔을 치유하여 건강한 가족으로 회복하는 데 크게 기여할 것이라고 믿으며, 이 책을 통해서 하나님께서 계획하시는 아름다운 가정, 기쁨의 생수가 강물같이 흐르는 가정의 축복이 임하기를 기원합니다.

광장교회 담임목사
장로회신학대학교 겸임교수
오성춘 Ph.D

차 례

✳ 제2장

제3장

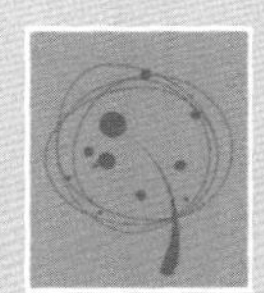

제1장

※ ※ ※ ※ ※ ※

1. 서론

1) 부각되는 한국가족의 문제들

최근 한국 사회는 급격한 변화의 소용돌이 가운데 있다. 이러한 상황 가운데 남성중심의 유교주의 문화 전통을 추구하는 보수적 가치들과 구조들에 의해서 한국 가족은 세대 간의 중요한 갈등을 경험하고 있다. 중요한 것은 이러한 현상 때문에 유교적 한국 가족 안에서 문화적, 사회적, 그리고 경제적으로 변화가 일어났고 계층 간에 힘의 균형이 무너졌다. 구체적으로 보면 새롭게 등장한 상업 자본가들은 그들의 힘으로 자신들의 위상을 든든하게 하면서 확장시키고 있는 반면에 과거 사회적 높은 지위와 특별한 권리들을 향유한 계층은 서서히 몰락했다.

사회적 환경에 의해 많은 변화가 발성했기에, 개인적 전통, 보수적인 생각은 훨씬 더 많이 변화되었다. 그러나 사회의 외적인 변화들에도 불구하고 개인 모두의 마음속에 자리한 의식은 생각하는 것만큼 큰 변화는 없었다. 이처럼 전통 문화형태들을 유지하기 원하는 옛 세대는 서구문화, 특히 기독교문화에 영향 받아 새로운 방법들을 채택하기 원하는 젊은 세대와 점점 갈등의 골이 더 깊어갔다.

이러한 과정에서 여성들이 당면한 일의 변화들은 젊은 여성들에게 영향을 주었다. 자본가들은 자신들의 이윤을 최대화하기 위해 값싼 여성 노동력을 탈취했다.[1] 여성들이 받은 열악한 대우에도 불구하고, 한국 여성들은 소극적으로 현실에 참여할 수밖에 없었다. 그들이 새로운 환경에서 자신들의 능력을 나타내기 시작했을 때 많은 젊은 여성들은 현재의 상황을 알게 되는 계기가 되었다. 한편으로 많은 전통적 한국인들은 젊은 여성들이 자녀들을 양육을 위하여 집에 머물러야 하고 그들의 남편을 정중하게 섬겨야 한다고 계속 생각했다. 여성들은 가족의 환경을 위하여 자신들이 당연히 근심해야 하고 남편, 자녀들, 그리고 남편의 가족들을 위하여 희생해야 했다. 이렇게 엄격하고 유연성이 없는 생각이 여성들을 온전한 가족 구성원으로 수용하지 않았을 뿐만 아니라 가족을 계승하기 위하여 여성들을 오직 자녀 분만의 도구로서만 인정했다. 여성을 비인격화로 몰아갔다. 이것이 전통적 한국 가부장 체계의 핵심이다.

이러한 두 상황들에 의해서 세대 간 지속적인 갈등이 생겨났다. 전통 가치관에 있는 조부모들은 일반적으로 그들의 자녀들과 손자들이

---

1) Mary E. Hobgood, "Marriage, Market Values, and Social Justice: Toward an Examination of Compulsory Monogamy," in *Redefining Sexual Ethics: A Sourcebook*, ed. Susanne Davies and Eleanor H. Haney (Cleveland: Pilgrim Press, 1991), 117-121.

같은 집에 살기를 원했다. 이유는 확대 가족이 그들에게 경제적이고 정신적으로 많은 혜택들을 제공하기 때문이었다.[2] 그러나 젊은 부부는 자신들과 자녀들을 위해 더 많은 자율을 추구했다. 과거에, 조부모는 확대가족을 경영하기 위해 더 많은 재정적인 힘을 가졌지만 지금은 그들이 은퇴하는 시기 때문에 실지적으로 가족을 지도할 능력이 부족하다. 이것은 경제적 힘이 조부모로부터 젊은 부부로 이동했기 때문이다.

이런 세대 간의 차이들은 남성 중심 공동체에서 모두 희생자들인 시어머니와 며느리 사이에서 고통스러운 갈등의 원인이 될 수 있다. 남성과 여성 모두로부터 이러한 이중의 짐을 가지는 것이 오랫동안 한국 여성들에게 큰 고통이 되었다. 전통에 규정된 엄격한 관계는 시어머니의 힘 아래에 며느리를 두고 육체적, 정서적 그리고 정신적 큰 고통을 야기했다. 이 갈등 때문에 여성들은 위장이나 심장질환과 같은 다양한 신체적 질병으로 고통을 경험해야 하고, 심리적으로 우울증과 같은 정신적 혼란으로 입원까지 하게 되었다. 더 나아가서 어떤 며느리는 자살까지 일어났다. 이와 같이 며느리는 그러한 가족에서 "희생자들 중 희생자"이다.[3]

한국 가족에서 독특하게 나타나는 현상 중의 하나는 고부간의 갈등이다. 고부간의 갈등이 생기게 된 요인은 여성이 남성보다 열등하

---

2) 손성영, 『한국 가족 문화의 현재와 미래』에서 "한국 사회와 가족의 전환", 한국여성연구사회, (서울: 사회문화연구소, 1995), 45.

3) 변화순, 『한국 가족문화의 현재와 미래』에서 "가족 해체오 재건" 편집: 여성사회연구 (서울: 사회문화기관, 1995), 45. 299–311; Edwin A Locke and Susan M. Taylor, "Stress, Coping, and the Meaning of Work," in Stress and Coping: An Anthology, 3rd edition, edited by Richard S. Lazarus and Alan Monat (New York: Columbia University Press, 1991), 141–155; 조혜정, 한국남성과 사회 (서울: 문학과 지성사, 1989), 192–93.

다는 것을 무의식적으로 믿는 남성 중심 사회적 철학에 기반을 둔 성
차별에서 기인한다. 가부장 문화는 성별 차이에 초점을 두고 있기에
여성은 약하고 남성에 의존적이라고 간주한다. 남성은 여성으로부터
최소한의 도움으로 인하여 자신의 공동체를 지배한다. 이유는 남성은
그들이 선점한 영역에 여성의 침해를 원하지 않기 때문이다.[4]

한편 시어머니는 심리적으로 며느리를 괴롭힘으로써 자신의 과거
억압을 보상받으려고 한다. 시어머니는 젊은 여성이 그의 가족에 합
류하기 전에 "여왕" 이었고 힘에 대하여 새롭게 경쟁하게 되었다. 시
어머니는 자신의 약점이 드러나는 것을 두려워하여 은밀하고 지지적
인 관계에서 그녀의 마음을 개방하지 않는다. 이것이 두 여성, 즉 시
어머니와 며느리에게 생긴 갈등으로 고독과 경쟁을 가져온다.

지난 25년 동안 교회 지도자들은 교인들의 삶이 문화적으로 전환
기에 있었다는 것을 경험했다. 기술적인 혁명과 경제적 질서의 변화
는 교회와 가족 모두에 영향을 주었다. 대부분의 교인들은 변화하는
가족들과 교인들의 죽음, 주일학교의 위축, 젊을 층을 잡지 못했던 실
패, 교회 안에서 노인층들의 증가로 영향을 받았다. 또한 유전공학이
라는 새로운 과학의 한 분야로 새로운 문제들이 제기 되었다. 그들
중에 임신과 출산, 결혼과 양육의 의미에 대하여 많은 새로운 문제가
제기되었다. 비록 이러한 문제가 모든 기독교인의 일상적인 삶에 영
향을 미친다고 할지라도, 목회자들은 윤리적인 문제에 관하여 신앙적
으로 숙고하도록 교인들을 인도하지 않았다.

한국 교회를 기반으로 가족을 이해하려면 영국 18세기의 빅토리아

---

4) 변화순, "가족 해체와 재건" 309.

시대의 독특한 면을 알아야 한다. 왜냐하면 복음을 전파한 서구 기독교의 신학을 통하여 한국에 복음이 전파되었기 때문이다. 1830년에서 1903년까지 빅토리아 시대의 문화가 기독교 가정에 형식적이고 내용적인 면에 영향을 주었다. 가족을 작은 교회로 간주했다. 가족 구성원들 모두는 교회 구성원과 같은 성격으로 가정생활을 영위해야 한다는 이념으로 이해되었다.

그래서 일부 목사와 교회는 복음화된 민족을 만드는 것이 아니라 기독교 국가를 만들 것을 주장했다. 이원화, 분리화의 구조는 빅토리아시대의 지배적 사고로서 이 주류의 이원화, 분리화는 현실의 삶에 도덕적인 문제를 제기했다. 세상과 하나님나라, 여성과 남성 등 나누는 것을 교인들의 삶에 정착시켰다.

이러한 이념이 한국교회에 스며들었다. 남성과 여성을 교회 예배 때 따로 앉게 했고, 모임도 남성과 여성을 분리했다. 남성은 우월하고 여성은 열등하다는 이념이 교회에서 만연되고 한국의 가부장 문화와 연결되면서 성적인 차별이 더 깊게 확산되었다. 하나님이 창조하고 하나님 사랑의 기운이 스며든 아름다운 세상에 대한 관심과 하늘나라에 대한 소망이 아니라 이 세상을 포기하고 오직 하늘나라만 추구하는 균형을 잃은 신앙이 만연되었다.

기독교는 한국 여성들에게 고통을 유발하는 문제들을 다루도록 돕는 데 다양한 기록이 있다. 기독교는 여성을 위한 인권과 교육 사상을 가져왔다. 다른 한편으로 전통신학은 가족에게 여성의 개인적인 관심들을 이해하는 데 거의 도움을 주지 못했다. 한국 교회 자체가 계급체계로서 남성과 여성을 나누었다. 어떤 여성일지라도, 여성은 남성 아래에 있었다. 고린도전서 14장 34절부터 "여자들은 교회에서 잠잠하라"라는 성경 구절이 여성의 의견을 억압하는 데 주요한 도구로 사용되었다. 여성은 항상 청취해야 하고 절대로 말하지 말아야 하기 때문에 그들의 영향력은 미미했다. 초기에 이것이 여성을 자유하게 하는 영향이었음에도 불구하고, 이와 같이 성차별에 의해서 펼쳐진 한국교회는 남성이 여성 지배를 합리화하는 또 다른 기관이 되었다. 교회가 가부장적인 형태와 사상으로 사역될 때 가족 구성원들 모두에게 더 많은 영적인 고통을 주게 된다는 것을 인식하지 못했다.

그러나 모든 이러한 문제들에도 불구하고, 목회상담은 건강하고 이론적이며 실천적인 방향을 제공하여 한국가족의 문제들을 해결하는 데 도움이 될 수 있다. 크리스천의 가족 목회상담을 통하여 한국 가족 구성원들인 남성과 여성, 시어머니와 며느리, 젊은 세대와 자녀들의 세대 모두가 의롭고, 공감적이며 균형 잡힌 관계가 이룩되기를 기대한다.

2) 본 저서의 목적과 요약

한국 가족이 경험하는 갈등의 문제에 역점을 두고 다루기 위하여, 이 책이 신학적 숙고, 심리학적 분석, 그리고 치유적 경험에 바탕을 둔 인지적 재평가와 목회상담의 계획을 목적으로 한다. 첫째로, 본 책은 교회들과 다른 신앙 공동체로 하여금 가족 갈등에 대한 신학적 함의를 다시 생각하게 하고 한국 가족들이 사랑과 지혜, 크리스천 신앙으로 자라게 하도록 도울 신학을 재형성하는 것을 채택한다. 이러한 새로운 신학은 모든 가족 구성원인 여성들과 남성들의 인간애를 경축하며 전통적인 가부장 가족 문화에서 그들이 경험한 큰 고통을 이해한다. 하나님에 대한 남성 형상의 자형성은 행복한 가족 생황에 개선된 신학적 기반을 제공한다.

둘째로, 이 책은 관계적 힘이 인간의 삶을 유지하는 데 가장 중요한 요소이고 화해, 재건, 그리고 치유가 필요한 모든 가족들에게 이용할 수 있는 창조력과 활력의 기본 원천이다.

셋째로, 본 저서는 갈등에 있는 가족들과 함께 효과적으로 상담하도록 돕고 특히 전통적인 가부장 관습의 억압 때문에 실추된 한국 여성들의 자존감을 증진하기 위해서 이미 고착된 치유체계로부터 다른 개입을 추진한다.

제1부는 지난 50년 동안 한국 가족생활의 변화를 서술한다. 삶의 형태가 정치적, 경제적 변화와 이념적으로 한국 가족은 기독교란 서구 종교로 인간에 대한 인식의 변화가 발생했다. 한국의 전통적인 가족을 지지하는 이념들 중에 하나인 효의 개념이다. 효의 개념이 유교적인 관점에서 특정한 성, 즉 남성을 향한 편중된 지지로 인하여 다른 성, 즉 여성에 대한 차별의식이 지배적이었다. 아버지와 아들의 관계가 한국 가족의 축이라면 가족 안에서 여성의 지위와 힘은 열등한 것으로 정착되었다. 고정의 틀을 깨뜨린 이념과 사회의 변화는 정상적인 모습을 띤 가족, 양성이 서로 협력과 상생의 모습으로 만들어져 가는 가족이 되어간다. 세 가지 사례가 한국 가족의 전형적인 고부갈등의 모습을 보여준다. 서구화되고 자유와 평등, 그리고 협력이라는 기치로 가족을 유지, 지도하려는 며느리인 여성들과 전통과 인습에서 쉽게 나오지 못하는 시어머니 사이의 갈등을 서술한다. 두 사람 사이의 힘의 갈등이 어떻게 전개되는가를 상세하게 설명한다.

제2부는 신학적이고 심리학적인 관점들의 틀 안에서 이러한 가족

갈등을 설명한다. 폴 틸리히(Paul Tillich)의 신학은 하나님의 전체 창조의 환경에서 의미 깊은 생산적인 삶을 향한 보편적인 인간 탐구에 포함된 원리들을 분석하고 서술한다. 신학은 구체적 삶의 표현이요, 고백이라고 할 수 있는 증언이다. 고부갈등이란 현실적인 갈등이며 이 갈등을 폴 틸리히(Paul Tillich)의 설명과 제안으로 살펴본다. 알프레드 애들러(Alfred Adler)의 심리학적 관점은 인간의 능력을 긍정적인 관점으로 이해한다. 그렇다면 갈등하는 사람들 사이에 일어나는 헤어짐과 소외를 극복할 수 있는 타고난 개인적인 힘이 점진적으로 사용되며 그 힘이 통제가 아닌 관계를 위해, 경쟁이라기보다는 협동을 위해 사용하도록 공동체로 인도한다.

제3부는 갈등과 아픔으로 고통 가운데 있는 한국 가족들을 위하여 목회상담이 계획을 설명하고 여성들이 스스로 강화하는 과정에서 만난 특별한 문제들에 역점을 두어 다룬다. 상담자는 가족과 관련된 고뇌들을 치유하고 건강한 가족관계들에 용기를 주는 증명된 방법들을 제안하기 전에 깊이 가족을 연구한다. 목사는 그들 자신들과 함께 그들의 관계성에 관하여 알도록 가족 구성원들에게 고무시키며 그들 자신의 화해와 치유에 공헌할 수 있는 많은 방법들을 보도록 용기를 준다.

2. 전통적 한국 가족

1) 전통적 한국 가족의 가치들

한국 역사는 주위 나라들과 더불어 많은 사건들 와중에서 5천년 이상 지속되었다. 지리학적이고 정치학적으로 한국은 항상 외세의 침입에 저항하려고 했으며 가족문호를 포함하여 한국 가족의 독특한 문화를 유지해 왔다. "가족이 행복하면 다른 모든 일들이 번창할 것이다"라는 한국격언이 있다. 전통사회에서 한국인들은 가족을 한국인의 삶, 문화, 그리고 다른 어떤 것 코다 더 중요한 가장 기본적인 중요한 요소라고 생각했다. 중요한 전통적 한국 가족 가치는 혈연의 씨족으로 이어져 오고 있다. 전통 한국 가족은 상호의존적이고 관계적 실체이다. 개인들은 가깝거나 면 어떤 혈통에 의해 오직 관계된 사람들을 위해 일을 한다. 대가족은 족토의 기록들을 유지하면서 가족 안에 더 작은 가족들과 연대의식을 향상 시키며 각 가족의 독특한 전통들을 후세대들에게 전수한다. 대가족의 목적들을 완수하기 위하여 큰 가족은 구성원 가족들 가운데 밀접한 관계의 기초를 정착시킨다.[5]

여기서 전통 한국 가족구조의 네 가지 중심적인 특징들을 서술한다: (1) 아버지와 아들, (2) 여성의 지위, (3) 가족중심, (4) 어머니와 아들 간의 관계성.

---

5) 이광규, 『한국에서 친족체계』 (서울: 민음사, 1994), 17-18.

(1) 아버지와 아들

남편과 아내의 관계가 중요함에도 불구하고, 한국 가족의 가장 실제적이고 강력한 역할은 아버지와 아들 관계로 온다. 유교적인 개념인 효는 자녀에 대한 부모의 의무들에 관계하는 것이 아니라 부모에 대한 자녀의 의무들에 관계한다. 효는 부모가 어떤 행동을 하든지에 관계없이 아들은 부모에게 복종해야 한다는 일방적인 관계이다. 부모를 봉양하는 것이 전통 한국 가족에서 매우 중요한 요소이다. 전체적으로 보면 효는 윤리적 관점이다. 효는 덕목과 자비를 나타낼 뿐만 아니라 또한 모든 행동의 원천이고 인간 삶을 인도하는 원리들이다. 공자의 저술에 의하면,

> 머리카락 하나와 피부의 모든 조각에 이르는 우리의 몸들은 우리의 부모들로부터 부여 받았다. 우리는 우리의 몸 어떤 것 하나도 상하게 되거나 상처를 입게 하지 말아야 한다. 이것이 효의 시작이다. 효의 과정으로 우리가 우리의 성격을 안착시켰을 때, 앞으로 우리 이름이 알려지고 우리 부모가 영화로운 것인데, 이것이 효의 마지막이다.[6]

효는 살아계신 부모들과 죽은 부모들 모두에게 봉양하는 것이다. 부모들이 살아 있을 때, 효는 여러 가지 다른 의미들을 취한다. 효의 한 요소는 부모를 위해 행동과 태도 모두 포함하여 존경하는 것이다. 또 다른 요소들은 부모를 공경하고 지원하는 것으로 부모들을 위하여 필요한 것 무엇이든지 공급한다는 의미이다. 아들은 부모의 필요

---

6) Hsiao King, "Book of Filial," chap. 1 cited in *The Ethics of Confucius: The Saying of the Master and His Disciples upon the Conduct of "Superior Man,"* de. Miles Meander Dawson (New York: G.P. Putman's Sons, 1915), 156.

를 위하여 그의 부모와 함께 있어야 하고 부모가 원하는 것과 아들 자신의 결정이 부모에게 어떻게 영향을 미치는가에 민감해야 한다. 효의 첫째 조건은 부모가 낳아준 것에 대한 은혜이고, 둘째로 부모들에 의해서 교육을 받게 된 자비이다. 이러한 은혜의 위대함은 아래와 같이 표현된다:"나의 아버지가 나를 낳아 주시고 어머니가 나를 양육해 주시니 얼마나 나는 위대한가! 아버지와 어머니는 나를 낳고 나를 위하여 노력하고 힘든 일을 하셨다. 내가 그들의 은혜를 다시 갚을 때, 그 은혜가 얼마나 큰지 나는 모르겠네."7) 아들은 그의 아버지를 완전히 따라야 하고 심지어 자신의 몸이나 재산을 통제하지 않는다. 증오와 학대의 사례들에서, 아들은 부모를 비난하지 말아야 한다. 아버지와 아들 사이의 관계가 절대적인 주인과 종의 관계이고 그 누구도 그 관계에 개입할 수 없다. 초기 공자의 제자들에 의해서 쓰인 작품「인간의 교훈」에서 언급하기를, "효는 우리 선조들의 소원들을 이행하는 방법들과 그들의 일들을 진척시키는 데 있어 능숙하다." 또 다른 초기 작품인 "어록집"에서 공자는 다음과 같이 말한 것을 인용한다. "한 남자의 아버지가 살아있을 때, 그 의지가 있는 아버지의 의지의 인내력을 보아라; 아버지가 돌아가셨을 때, 그의 품행을 보아라. 만약 삼 년 동안 아버지의 방법으로부터 그대로 있다면, 그는 효성스럽다고 들을 수 있을 것이다."8)

부모가 죽은 후, 아들은 계속 애통해야 한다. 이 시간 동안, 아들은 물 이외에 고기나 술도 마시지 말아야 하고 그의 아내와 동침하지도

---

7) 최재석, 『한국 가족의 연구』(서울: 일지사, 1994), 91-192.

8) "인간의 교훈"으로부터 chap. 19:2, "어록집" 책 chap. 9, 둘은 모두 *The Ethics of Confucius*, ed. Dawson, 165-166.

말아야 한다. 이렇게 애통해 하는 기간에 태어난 아이는 가족을 계승할 지위도 취하지 못하며 그것 자체로 인하여 아내를 종속의 위치에 있게 한다. 이러한 애통의 제약들로 인하여 효를 행하는 아들은 효의 본질을 아는 아들이 된다. 이것이 그 아들의 부모를 향한 효의 절대성과 보편성을 드러낸다. 부모를 섬기는 것이 실패로 끝났을 때, 심지어 그 사람이 아내를 사랑하는 것은 효의 윤리를 범하는 것으로 간주한다. 이와 같이 부모들은 절대적인 존재이고 아들이 살아가야 하는 모든 면에서 가치의 기준이다.

(2) 여성의 지위

전통 한국 가족사회를 이해하려면 여성의 지위에 대하여 아는 것이 필수적이다. 가족은 사회와 국가의 기본 단위로 간주되었다. 남성은 그의 아내를 통제해야 하고 여성은 남편에게 공손히 순종해야 한다. 여성은 그의 순결을 지켜야 하고 그들의 남편을 따르며 존경해야 한다.[9] 이러한 기대는 여성의 개인적인 성품에 관한 어떤 관심도 없었다. 예를 들면, 남편이 고뇌나 재앙을 가졌다면 많은 사람들이 그것은 아내의 "꼬마 악동" 때문이라고 언급하는데 이 꼬마 악동은 유해하기도 재앙을 야기하는 작은 초자연적인 존재이다.[10] 아내는 그의 남편에게 속해 있다. 여성은 항상 그의 남편에게 순종해야 하고 여성들이 하기를 원할 때 언제라도 그들 자신의 생각들과 판단들로 일할 수 없었다. 가족의 중요한 체계는 남편-아내 관계가 아니라 아버지와 아들 관계에 중점을 두고 있다. 심지어 남편이 죽고 난 후, 아내는

---

9) 이효재,『한국 가부장 체계와 여성』(서울: 여성학과 사회, 1996), 175-190.
10) Ibid.

재혼할 수 없었다. 이유는 그것은 두 남편에 대한 의무감이 내포되어 있기 때문이다.

칠거지악(악의 일곱 가지 법칙들)으로 잘 알려진 전통적인 원칙이 남자에게 이혼에 대해 근거들을 즈었건 여성들의 일곱 가지 악습들 특성을 나열했다: ① 시부모에게 불순종했을 경우, ② 남자아이를 출산하지 못 했을 경우, ③ 말이 많은 경우, ④ 간통했을 경우, ⑤ 남편의 첩에게 질투했을 경우, ⑥ 악성의 질병이 있을 경우, 그리고 ⑦ 절도를 했을 경우.[11] 이러한 설명에 의하면 여성 자신은 그 자신을 위한 삶의 계획을 성취할 권리를 가지지 못한다. 여성은 항상 가족을 관장하고 통제하는 힘을 가진 그들의 남편들에게 의존해야 한다. 이것이 여성이 생존하여 살아남는 유일한 방법이다.

남성의 여성을 향하여 억압하므로 아내는 자신 스스로 생각하고 판단할 수 없었다. 이유인즉 그녀는 그의 남편에게 항상 순종해야 하기 때문이다. 삼종지의(여성들은 오직 남성들에게 순종해야 한다)는 전통적으로 알려진 원리이다. 이것에 의하면 여성은 자신의 삶을 통하여 연속적으로 다른 세 남자들, 즉 아버지, 남편, 그리고 아들에게 한국 여성들이 묵묵히 따르도록 요구했던 세 가지 복종하는 덕목을 나열했다: ① 그녀가 젊었을 때 아버지를 따름, ② 그녀가 결혼을 했을 때 그녀 남편을 따름, ③ 그녀가 나이가 많아서 늙었을 때 그녀의 아들을 따름.[12] 이와 같이, 아내의 여성으로서 덕목은 그녀의 인생에

---

11) Aline K. Wong, "Women in China: Past and Present," in *Many Sisters: Women in Cross-Cultureal Perspective*, ed. Carolyn Matthiansson (New York: Free Press, 1974), 235; 김영천, 『한국의 여성들: 고대에서 1945년까지 역사』(서울: 이화여자대학교 출판사, 1975), 52-53.

12) 이성희, "아시안 신학을 위한 기초로서 여성의 해방신학." East Asian of Theology (EAJT) 4 (February 1986), 7.

서 남성들에게 복종의 태도로 정숙해야 한다는 것이다. 복종적 삶이 되기 위하여 여성의 성품은 어린 시절부터 이러한 경향으로 형성되어야 한다.

여성의 낮은 위상은 부모들이 어린 소년들과 소녀들을 달리 양육하는 것으로 증명된다. 어린 소년들은 소중한 것과 함께 놀도록 그들을 상위에서 놀게 한다. 그러나 어린 소녀들은 돌과 함께 바닥에서 놀게 한다. 여성들은 오직 성 때문에 고립되고 차별을 받는다. "여성"이라는 사상은 악한 재앙으로 간주되었다. 우리 속담에 "암탉이 울면 흉조가 생긴다."

인간에게 있어서 성이란 소중하고 각각의 독특성을 부여해야 함에도 불구하고 성을 차별하고 우월과 열등으로 판단하는 사상이 가족이라는 기관에 뿌리를 내리고 있다. 이러한 이념이 한 인간을 영원히 파괴하고 왜곡하는 결과를 만들게 된다.

(3) 가족중심

전통 한국 사회는 가족을 과거의 선조들로부터 미래에 태어날 후손들에 이르기까지 관련된 모든 개인들을 포함한 단체로서 간주했다. 현재 세대에서 가족은 선조들의 유산을 미래 세대들에게 전수할 책임을 가진다. 이 책임은 세 가지 요소들을 취한다: ① 선조들의 혼을 계승함, ② 가족의 재산을 관리함, 그리고 ③ 미래의 가족을 돌보기 위하여 아들을 취하는 것. 이 의무들이 가부장 체계를 발달시키고 계급 영역들을 엄격하게 했다. 가족 중심성은 가족이 현재 세대를 중심으로 하는 것이 아니라 더 나아가 세대를 이어가는 역사성을 중요하게 한다는 점이다. 한 세대에 머물러 있는 것으로 가족을 유지하는 것이 아니라 한 가족은 세대를 이어가는 연결의 고리로서 가족중심을 이어간다.

가부장은 가족 중 가장 나이가 많은 사람이 되어야 한다. 그는 살아있는 가족과 선조들을 대표한다. 조상제사를 관장하고 가족을 통제한다. 모든 남성들과 여성들, 젊거나 나이가 들었거나, 계급이 높거나 낮거나 모두가 가부장에 의해서 통제를 받는다. 가족은 가부장에게 존경을 보여주어야 하는데 그것들은 가부장이 무조건 통제하는 것을 허락하고 순종의 덕목을 실행하도록 하는 것이다.

엄격한 계급 가운데, 여성들의 순종이 가족 안에서 중요한 요소이다. 특별한 상황아래 장점들과 단점들에 대해 서로 경쟁하는 여성들은 전통적 가족에서 성취된 균형이 깨어진다.[13] 여성들은 칠거지악과 삼종지의 안에서 원칙들을 기억해야 한다. 행복한 가족은 여성이 시어머니와 남편에게 순종하는 것에 달려있다. 노인이 젊은이를 통제한다면 평화가 가족에게 찾아온다. 가즉 구성원들이 자신들의 알맞은 위상과 행동들을 기억할 때 평화는 찾아온다.

가족 중심 체계에서, 비록 가족의 계승이 가장 나이가 많은 아들에 의해 결정된다면, 둘째와 셋째 아들은 역시 그들이 결혼할 때 "분파 가족들"을 확립한다. 이러한 많은 분파 가족들이 가장 나이가 많은 아들을 중심으로 제사를 드리기 위해서 온다. 그들은 종종 밀접한 친밀과 협동을 유지하지만 우두머리 가족의 권위 아래에 항상 있다.

가족의 중심성은 남자이고 그 가족의 가부장은 계급주의로 인해 가족의 개성과 창조성을 억제하는 결과가 되었다. 특히 여성은 가족

---

13) 최재석, 『한국가족연구』, 215.

의 중심성에서 가장 큰 피해자로 전락되었다.

(4) 어머니와 아들 간의 관계

한국 여성이 아들을 낳으면, 가족 안에서 그녀의 지위가 상승한다.[14] 아들을 낳는다는 것이 여성의 목적이고 그녀 삶에 대한 주요한 성취로 간주된다.

첫째로, 여성이 아들을 낳으면 그녀는 공식적으로 가족체계에서 온전한 구성원이 되고 아들의 어머니로서 강력한 입장을 취한다.[15] 여성이 미래 세대들의 선조들 중 한 사람이 될 수 있고 그녀의 남편의 것과 비슷한 역할을 취한다.

둘째로, 한 여성이 아들을 낳은 후, 경쟁자인 남편의 시어머니는 며느리의 문제점과 약점을 덮기 시작한다.[16] 아들이면서 그녀의 상속인은 어머니와 다른 가족 구성원 사이의 어떤 감정적 문제를 부드럽게 할 수 있게 한다.

셋째로, 새로운 아들은 역시 그의 부모들 사이의 사랑의 매개체이다.[17] 비록 아들이 어머니의 마음을 충분히 이해할 수 없다는 것을 느낄지라도, 그의 어머니는 아들을 향한 사랑으로 어떤 고난도 견뎌낼 수 있다. 아들이 있다는 것이 어머니가 경험하는 가슴 아픈 어떤 경험들이라도 견뎌내게 하는 용기를 준다. 한국 격언에는 "아들은 어머니의 생이다"라고 한다. 한국 어머니들의 특성상으로 그의 아들의

---

14) 이광규, 『한국 가족의 구조적 분석』 (서울: 일지사, 1975), 187.

15) Ibid.

16) Ibid., 189.

17) Ibid.

업적에 대하여 매우 강한 동기를 가지고 있다. 그 아들은 어머니 자신의 소망을 구체화하는 것이다. 어머니와 아들 사이의 관계를 종종 증진시키는 또 다른 요소는 어머니와 아버지 사이의 거리를 유지하는 것이다. 어느 사회에서처럼, 어머니가 남편에게 사랑을 덜 받을수록, 그 어머니는 사랑을 얻기 위해 아들에게 돌아가기 쉽다. 어머니가 남편을 덜 보살필수록, 어머니는 아들과 더 강한 관계를 형성하려고 한다.

어머니와 아들의 관계는 어머니의 사랑을 일방적으로 주는 관계이고 짝사랑의 관계라고까지 말할 수 있다. 헌신적인 어머니의 사랑이 아들에게 전달되든지 그렇지 않든지 간에 두 사람의 관계는 애증의 관계뿐만 아니라 일방적 허여의 관계라고 설명할 수 있다. 그래서 한국의 어머니가 아들에 대한 남다른 열정으로 관심을 보이는 것은 아들에 대한 어머니의 헌신적이면서도 보상을 한다고 기대할 수 있기 때문이다.

2) 한국 가족의 이념으로서 유교주의

중국으로부터 소개되었던 한국가족의 주요한 이념인 유교는 4세기 동안 지주 역할을 했다. 신라 왕국과 고려 왕국이 불교 원리들에 의존했고 1392년 혁명으로 조선 왕국에 유교가 들어 와서 불교를 거절하고 지배 철학과 이념으로 유교주의를 수용했다. 사회질서의 자발적인 체계를 위하여 실용적 필요를 충족시킬 동안, 유생들의 삶의 방법은 개인 씨족을 통제하고 학자 관료들과 더불어 그 나라를 다스릴 정치적 목적으로 역할했다.[18]

전통 한국사회는 두 가지 기본적인 요소가 있다: ① 농업경제, 그리고 ② 유교철학이다. 농업은 경제적 사회의 기본을 제공하고 유교주의는 정신적인 기반을 제공한다. 유교주의는 전통 한국사회의 철학, 윤리, 그리고 논리이다. 유교주의는 사회철학으로서, 문명화의 한 방법으로 가족과 교육의 핵심적인 역할에 대하여 중요성을 인정한다. 유교주의는 가족예식 사건들에 대하여 고양된 사회적 의미를 부여한다.[19] 유교주의는 개인을 사회의 나머지 부분들과 연결시킨 가족 중심의 윤리로 갇혔다고 말 할 수 있다.

유교주의는 여성들에게 종속적인 역할을 고무시킴으로서 가족과 사회에서 남성들의 특권들과 권리들을 보호하는 가부장적 체계를 지지한다. 유교이론은 사회의 모든 부분들을 유기적 전체의 부분으로 생각한다. 그래서 체계의 어떤 부분으로부터의 도전은 전반적인 사회의 안녕을 위태롭게 하는 것으로 이해한다. 이와 같이 공자의 가르침에 무조건적으로 수용함으로 기부장적 가족 체계를 유지하게 된다. 유교주의는 5가지 인간관계의 형태들을 띠고 있다: 왕과 부하, 남편과 아내, 노인과 젊은이, 남자와 여자, 친구 대 친구.[20] 여성들은 남성들보다 열등한 것으로 간주된다. 불균형은 논리적 원리보다 신적인 의무를 야기하는 반존재론적 윤리에 기초한다. 가족의 위계질서에서 가장 낮은 곳에 있는 여성들은 대부분의 경우 고된 일을 하고 최소의 음식과 안락을 취한다. 한국 여성들은 오랜 세월 동안 이러한 공자의 가르침으로 인하여 고통을 당해왔다.

---

18) Edwin O. Reischauer and John K. Fairbank, "Traditional Korea," in *East: The Great Tradition* (Boston: Houghton Mifflin, 1960), 394-449.

19) 이광규, 『현대한국 가족의 이해』 (서울: 서울대학교 출판사, 1966), 13-18.

20) *The Ethics of Confucius*, ed. Dawson, 210-215.

여성들의 위상에 관해 공자의 가르침은 공자의 교과서보다 오히려 더 오래된 고대 중국의 역경에서 나타난 음양의 원리와 모순이었다. 음은 부정적, 어두운, 그리고 여성적인 원리이고 양은 적극적, 밝은, 그리고 남성적인 원리이다. 이들 두 원리들이 음양의 상호작용에서 우주 안에 있는 모든 것들을 생산하고 재생산한다. 음양 철학에서, 위계적인 가치 체계는 없고 단지 보완으로 역동의 원리가 있을 뿐이다.

> 고대에, 현인들이 양을 만들었을 때 그것의 상징들이 사람들과 사물들의 속성들에 기초가 되는 원리들과 일치해야 하며 신에 의해 지명된 그것들에 대한 의식들과 함께 일치해야 하는 계획이다. 이 견해와 더불어 그들은 그들 안에서 신의 방법들을 드러냈고 음과 양이라고 불렀다; 땅의 방법이 그들을 약하거나 부드러운 것으로 불렀고 강하거나 견고한 것으로 불렀다……
> 구별은 음과 양의 행렬에 부과된 장소들로 만들어 졌고 그것은 다양하게 점유되었으며, 지금 강한 자와 지금 약한 자에 의하여 형성하며 이래서 각각 육각선형이 완성되었다.[21]

음양의 두 원리들은 실제적 힘에서는 다르지 않다. 음과 양 각각은 그들의 기능에서 일을 하는 독특한 역할을 취한다. 왜냐하면, 둘 모두를 포함하는 전체 그림에 모두 필수적이기 때문이다. 이러한 사고방식에서, 두 요소들의 차이들은 조화로운 전체로 화해될 수 있다. 우월한 사람과 열등 한 사람들 관계에서 화해할 수 없는 위상의 차이는 없다.

무엇이 음양의 기본원리를 수정시켰는가? 유교주의의 핵심인 가부장 사상은 사회의 모든 면에 영향을 끼쳐 변화들을 일으켰다. 남성들

---

21) *The I Ching*, Appendix V, no 4, pp.423-24.

의 규율이 여성을 지배한다고 가부장은 주장한다. 지배의 형태는 사회체계와 문화적 수준의 기제에 의하여 나타났다. 남성의 규율은 보통 더 큰 신체적 힘을 의미하지 않고 오히려 가족을 지지하는데 결정할 더 많은 자유를 의미한다고 여권주의 학자들은 이해한다. 남자는 가족에 대하여 외부인이다. 그래서 그는 가족 외부의 활동을 확장하고 창조한다. 그의 역할은 그의 성과 그의 공적인 일에 따라 정착된다. 남자는 출산을 위해 필요한 능력과 인내를 가지고 있지 않고 그는 여성이 하는 것처럼 가정에서 일에 집중하지 않지만 공적인 체계와 국가의 지도력으로서 궁극적으로 발전하는 가정 밖 영역에 집중한다. 심지어 유교 경전이 그전에 쓰였을 때에도, 유교주의 분위기는 지배적이었다. 남자들은 국가의 구성원으로 간주되었고 여성은 가족의 구성원이었다. 남자는 지배자의 상징이었고 여성은 남자를 위한 지지의 상징이었다.[22]

이와 같이 지배계급은 유교의 이념으로 그들의 힘을 합리화 하는데 이용되었고 남성들에 대한 여성들의 복종은 전체 체계의 온전한 부분이었다. 이렇게 역사적으로 창조된 성별 위계는 힘과 통제가 남성-여성 관계뿐만 아니라 사회적이고 자연적인 질서를 통하여 중요한 가치로 안착된 도덕체계가 되었다. 매일 삶에 적용한 남자와 관계를 가지지 않는 여성은 사회의 온전한 구성원이 될 수 없다.

오직 남편을 존경하고 봉사하며 복종해야 하는 삶이 하늘이라는

---

22) S. Slocum, "Women the Gatherer: Male Bias in Anthropology," and K. Gough, "The Origin of the Family," in *Toward an Anthropology of Women*, ed. Rayna R. Reither (New York: Monthly Review Press, 1975): Lee and Devore, Kalahari *Hunter-Gathers* (Cambridge University Press, 1974); Peggy R. Sandy, *Female Power and Male Dominance* (New York: Cambridge University Press, 1982), 59-78: 조혜정, 『한국의 남성과 여성』 (서울: 문학과지성사, 1989), 73-74.

것을 알아야 한다. 심지어 순간적으로도 저항하지 말아야 한다. 그
리고 남편이 하는 말에 귀를 기울일 때, 남편이 하는 말을 성자가 가
르치는 말로 받아들여야 한다. 심지어 비록 남편이 실수를 하더라도
아내는 부드럽게 남편에게 말을 해야 한다. 남편이 화를 가질 때, 아
내는 이유를 묻지 말고 그것을 자연적인 현상으로 수용해야 한다.
아내가 순종적이어야 하며 남편에게 어떤 것을 묻고 난 후 아내는
할 수 있다.[23]

다음에 오는 복종의 이러한 가르침은 풍요로운 삶을 가지기 위해
서는 어머니, 아내, 딸을 위해서 가장 좋은 방법이다. 복종의 제도가
세워졌을 때 여성들은 이 체계로부터 제외되었기에, 여성들에게 부과
된 그것은 무시되었다. 효를 가장 높은 가치로 간주했던 바로 그 사
회는 역시 여성들에게 그들 남편들의 부모들에게 존경하고 섬길 것
을 요구했다. 부모를 섬길 아들의 의무는 아들 자신에게 부과된 만큼
또한 아들의 아내에게도 부과된 고통스러운 섬김을 부여한다.

전통적 한국 가족에서, 남편의 부모들에 대한 아내의 관계는 가족
의 계승을 지키고 안전하게 지킬 부모들과 함께 남편과 아내나 아들
의 관계보다 더 중요하다. 효를 세상에서 가장 좋은 것으로 간주하는
사회에서, 여성들은 그들 자신의 부모들에게 순종하는 것이 아니라
그녀와 더불어 사는 남편의 부모들에 순종해야 한다. 여성은 자신의
가족에 관하여 주의를 기울이지 않고 남편의 가족과 사업에 주의를
기울여야 한다. 그것은 가부장 체계의 모순되는 점이다. 결혼은 시부
모에게 헌신을 요구한다. 그것은 두 가즉 사이 인간관계에 대한 배타
적인 방법이다.

여성의 정숙에 대한 엄격한 태도는 남성의 성을 향한 관대한 태도

---

23) 박영옥, 『여성의 유교적인 견해의 재검사』, 75.

와 더불어 날카롭게 대조되었고 남성과 동등하게 되기 위한 여성의 자연적인 의지와 욕망을 억압했던 유교적 가부장 체계의 또 다른 요소였다. 가족의 위엄을 유지하기 위하여, 과부는 결혼할 수 없었다. 상류층 부모는 계속적으로 반드시 이러한 유교실천을 따르도록 그들 가족에게 주지시키고 교육한다. 만약 남편이 죽었을 때, 혹은 한 여성이 외관 남성에게 접촉을 당했을 때, 이 여성은 가족의 남편을 위하여 자살하거나 여성의 역할은 남성의 존엄을 보호해야 한다는 더 한 표시도 있어야 한다. 잘 알려진 격언에 "만약 아들을 낳으면, 그는 왕실 신하가 될 것이며, 그리고 만약 딸을 낳으면, 모범적인 여성이 될 것이다"라는 말이 있다.

여성들에 대한 유교의 통제는 여성의 인간성의 본성과 권리를 왜곡했고 한국 가족과 사회에서 진정한 존경의 관계를 파괴했던 기제이었다.

3. 한국 가족전환기에서 요인들

한국가족생활의 역동성은 과거 30년 혹은 50년 동안 급격하게 변화했다. 외적인 변화에 적응과 내적인 성숙을 위한 삶의 새로운 경향으로 가족은 변화되어야만 했다. 현대한국 가족의 변화에 가장 큰 영향을 미친 요인들로서 산업화와 기독교 문화로 지적할 수 있다. 이 두 요인은 한국 가족과 사회 전체 분야에 영향을 미쳤다고 할 수 있다. 두 요소에 관하여 검증하려고 한다.

1) 산업화

한국의 전통 가족은 산업화 이전에 존재했다. 1960년 이래로 산업화된 대규모 생산과정으로 변화는 한국인 삶의 경제적, 정치적, 그리고 사회적 면들뿐만 아니라 가족도 바뀌게 되었다.

경제적인 관점으로부터 볼 때 산업화는 18 세기후반과 19세기에서 유럽과 미국이 지속적으로 발전된 과학적 지식의 사용으로 생산 체계가 변하게 되었다.[24] 그것은 전문화된 기능들에 의해서 노동자들을 조직하고 많은 다른 종류의 기계적, 화학적, 그리고 구체적 과정을 이용하여 그전의 생산의 방법으로 가능했던 것보다 개당 더 낮은 비용으로 시장에 상품들을 생산했다. 순 수익을 높이기 위하여, 사업가들은 효율적으로 비용을 낮추고 노동 생산성을 높이려고 한다. 그래서 종종 젊고 비 숙련된 낮은 임금 노동자들을 고용한다. 가족들을 지배했던 남성들의 경제적인 원천이 산업화 이후로 변화되었다. 노동 임금이 상대적으로 싼 여성들을 노동자로 채용하므로 가족의 경제적 힘이 여성들에게 일부분이 옮겨가게 되었다.

두 번째로, 산업화는 노동, 식품, 그리고 상품들을 위한 자유 개방 시장을 모방하여 정치적 서구 민주주의 체계를 선호하는 경향으로 변화되었다. 사람들의 의견을 반영하는 정치적인 민주주의는 자금의 주인들로 하여금 그들의 산업체들과 다른 산업 시설들에 그들의 돈을 투자하도록 충분하게 안전을 제공했다. 이전 산업의 정치적 체계들과 비교하면, 민주주의는 개인의 독특성을 평가하여 개인 능력들과

---

24) J. R. Hughes, "Economic Aspects in Industrialization," in *International Encyclopedia of the Social Science*, ed. David L. Sills, vol. 7 (New York: Macmillian and Free Press, 1968), 254.

재능들을 개발하도록 더 좋은 기회들을 제공한다.

셋째로, 산업화는 역시 중요한 사회구조의 특징에서 명백하게 영향을 끼쳤다. 매우 확연하게 나타나는 점에서 산업화는 친족과 가족에 충격을 주었다. 왜냐하면 많은 비 산업 사회들에서, 가족은 사회적 지위와 개인적 정체성의 주요한 근원을 구성하기 때문이다. 산업화된 경제로 인하여 가족 구성원들은 지리적 사회적으로 이동해야 하므로 가족 간의 연결성은 느슨해지며 가족 간의 연대의식이 점점 약해졌다. 이렇게 가족 연대의식이 약하게 됨으로 가족을 다르게 이해하게 되었다. 새로운 환경, 즉 산업화에 잘 적응하는 가족 구성원들은 가족의 기능에 대한 이전의 생각과 달리 가족 개개인의 독특성을 생각하게 되었다. 전에 개인의 능력이 이전의 공동체에 발현되지 못했기 때문에 산업화는 가족 개개인의 독특성을 확장시키는 기회가 되었다고 해석할 수 있다. 또 다른 면에서 산업화는 가족 안에서 연대의 중요성이 점점 약하게 되었다. 젊은 세대는 잘 적응하고 새로운 삶에 잘 반응하지만 이전의 세대는 긴장했다. 즉 산업화로 인하여 나타난 세대 간의 긴장이 새로운 현상이 나타났다.[25] 이러한 관점에서 산업화는 가족을 변화시키는데 어떤 요소들이 있는가를 찾아보려고 한다.

(1) 결혼

전통적인 가족 형태에서, 배우자 선택은 부모들 의견에 의존했다. 산업화 이전의 결혼 과정은 가족의 소개로 이루어졌다. 여기서 가족이란 개인으로 가족이 아니라 가문이란 전체가족으로 결혼의 가능성

---

25) Wilbet E. Moore, "Social Aspect in Industrialization," in *International Encyclopedia of the Social Science,* ed David L. Sills, vol. 7 (New York: Macmillan and Free Press, 1968), 267-68.

을 주고받았다. 개인의 선택이라기보다는 가문이라는 전체 가족의 허락으로 거의 이루어졌다고 할 수 있다. 산업화는 이러한 경향을 거절할 수 있는 분위기를 제공했다. 개인의 독특성과 가능성을 소중하게 간주하고 추구하는 관점에서 볼 때 이전의 결혼 형태는 많은 걸림돌을 제공했다. 산업화는 개인의 자유를 증가시킴으로서 결혼의 근본적인 사상에 큰 변화를 가져오게 했다. 비록 의견들이 다르다고 할지라도, 지금 도시나 시골에 관계없이 부모들은 배우자의 선택에 관하여 자녀의 의견을 존경하는 경향이 있다. 부모가 다른 배우자를 선호할 때, 그 자녀는 부모의 제안을 거절하는 경향이 있다. 심지어 부모들로부터 완벽한 반대에 직면할 때조차도, 자녀들은 그들이 선택한 지금의 사람과 결혼하는 경향이 있다.

전통적인 결혼의 주요한 목적은 가족 계승과 가족의 노동력을 확충하기 위해 많은 자녀를 낳는 것이었다. 그중에 아들을 낳는 것이 중요한 역할 중에 하나이다. 결혼의 결정은 가부장에게 속했고, 신랑의 가족은 결혼 삶에서 주도권이 있다. 이혼의 권리는 오직 남편에게 속했다. 간단하게 말하자면, 전통적인 결혼은 개인적인 결혼이라기보다는 가족 소개에 더 의존했다. 집단에 의한 것이지 개인의 생각은 거의 반영되지 않았다. 그러나 오늘의 결혼 형태는 부부들과 더불어 미래의 행복한 삶을 만들 배우자를 자유롭게 선택할 권리를 남성과 여성들 모두 선택한다는 더 개인적이고 평등을 기반으로 하는 것을 취한다. 개인의 성향, 가치관을 우선하기 때문에 결혼의 특성도 이러한 것을 반영한다.

전통적으로 사람들은 한 사람의 성일이 부부 사이를 예상하는 좋은 표시로 생각했다. 즉 이것은 부부의 기대와 미래의 행복을 운명론적인 입장에서 생각한다. 자신의 능력, 노력, 환경과 관계에 의해서 변화시킬 수 있다는 적극적이고 탈 운명론적인 사고로 부부를 결정하는 것과 반대이다. 최근 부부간의 조화에 관한 연구에서, 58%의 사람들이 생일의 날짜로 배우자를 선택하는 것은 불합리한 것으로 간주했다. 그들은 다른 이유들로 결혼을 결정하기를 원하고 옛 관습은 일종의 미신이었다고 생각한다. 학력이 더 높은 사람들은 사랑으로 서로가 이해하고 수용하여 결혼하기를 더 갈망한다. 교육을 받은 사람들은 더 낭만적인 결혼을 요구하는 것으로 나타난다. 그들은 자신의 성품과 그들의 배우자를 위하여 순수한 감정적 매력을 존경한다. 그러한 사람들은 개인의 성품을 가족의 삶에서 가장 중요한 요소로서 간주한다. 그들은 최대한 전통의 형태를 피하려고 한다. 그들은 가족 삶을 즐기기 위하여 실제적이고 구체적으로 삶에 유익한 방법들을 추구한다.

(2) 다양한 가족형태

산업화 아래에서, 여러 다른 가족 형태는 새로운 환경에 적응하고 더 편리한 삶의 방법을 추구하기 위하여 다양한 가족의 형태를 발달시켰다. 가족은 더 작으면서 더 다양한 가족 형태로 뚜렷이 변화하고 있다.

가족의 변화 사항을 고려하면 가족의 다양한 형태는 산업화에 적응하기 위하여 필연적인 현상으로 간주된다. 1955년 이후 40년간 가구 수는 3,791천 가구에서 12,958천 가구 수로 3.4배 증가하였으나 가구당 가구원수는 1970년대까지 5명대의 분포를 보이다가 1980년대에는 4명대, 1990년대는 3명대로 감소하여 1995년에는 3.3명, 2000년에는 3.12명으로 나타났다.[26] 가족 구성원수가 급격하게 감소하는 가족의 형태로 변했다. 뿐만 아니라 출산은 1960년대에는 천 명당 6.0명에서 1991년에는 천 명당 1.6명으로 감소했다.[27] 이는 산업화시기에 인구 감소 정책 때문이다. 또한 2000년 인구 주택 총 조사에 의하면 핵가족은 2.8% 증가했고 부모를 모시고 사는 직계가족은 1.2%가 줄었다. 전체적으로 핵가족은 87% 이상이그 직계가족은 8% 정도이다. 그러면 가족의 변화에서 한국 가족은 핵가족이 절대적이다.[28]

가족 형태에서 가장 두드러진 형태는 혼인, 이혼, 재혼으로 나타난다. 조혼인 비율은 1980년대 최고점이었고 그 이후로 낮아지고 있다.[29] 혼인 건수도 1995년에 비해 2000년에는 6만 5천여 건이 증가했다. 한편 이혼에서는 큰 변화를 보여 1975년에 비해 2000년의 이혼건수는 7배 증가하고 조이혼율은 5배 증가한 것으로 나타났다. 특히 IMF 이후 1998년 이혼건수는 1995년에 비해 1.8배나 증가했고 조이혼율도 1.7배로 증가하는 현상은 경지적 이유로 이혼의 경우가 많아졌다고 해석할 수 있다.

초혼연령이 1985년에 여자는 24.8세이고 남자는 27.8세였다. 그러나 2004년에는 여자는 27.5세, 남자는 30.6세이다.[30] 여성과 남성의 결혼 연령이 늦어지는 이유들 중에 가장 큰 이유는 결혼보다 자신들의 경제활동과 개인 성장에 몰두하는 데 더 관심을 두었다는 것으로 볼 수 있다.

이혼의 경우에 20대, 30대 중반 이전의 이혼은 감소하는 반면, 30대

---

26) 조미영, 『여성과 가족』 (서울: 유풍출판사, 2005), 39-40.

27) 한국건강 사회연구소, 출생연차목록과 가족 건강의 연구, 서울(1991).

28) Ibid., 141-143.

29) Ibid., 14.5.

30) Ibid., 146.

중반 이후의 이혼은 증가하는 추세이다. 2003년 40세 이후의 이혼이 전체 이혼의 32.2%를 차지하며 이혼하는 여성 3명 중 1명은 연령이 40세 이상인 것으로 나타나고 있다. 또한 전체 이혼여성 중 50세 이상 여성의 이혼도 10.9%로 크게 증가했다.[31] 이혼 역시 다양한 가족을 형성하는데 공헌을 했다. 이혼발생 비율이 지난 20여 년간 걸쳐 4.8배로 증가했다. 이혼 전 결혼의 평균 햇수가 8.4년이었고 미국의 평균 9.1년보다 얼마간 짧았고, 일본의 10.8년보다 짧았다. 여성이 가족을 이끌어가는 숫자가 15%나 증가하면서 사회적 지지를 받지 않는 여성의 가난이 훨씬 더 가속화되었다.[32]

이러한 현상을 통해서 알 수 있는 것은 가족에서 결혼, 결혼 연령, 이혼 등으로 보면 공동체적인 성격이 감소되고 개인주의적 특성으로 나아가는 점을 알 수 있다. 산업화는 개인화를 더 강조하기 때문에 가족도 이러한 형태로 나아가는 것을 이해할 수 있다.

소년·소녀가 이끄는 가족의 숫자가 1994년 7,300에 이르고 해마다 수가 점점 증가하고 있다. 그 이유들은 부모들의 사망, 이혼한 양 부모들의 재혼, 가정을 떠난 아이들, 부모를 잃은 것 때문에 증가했다.[33] 비록 정부가 그들에게 보조금을 준다고 할지라도, 이러한 환경이 가족의 주요 기능인 보호와 양육 기능을 심각할 정도로 축소하고 있다.

핵가족으로 인한 새로운 현상들이 역시 노인들에게도 큰 영향을 미쳤다. 산업화로 영향을 가장 많이 받은 젊은 사람들은 확대가족과 연장자인 아들과 같이 살기를 원하지 않는다. 그러나 젊은 자녀와 함

---

31) Ibid., 147.

32) 한국가족의 상황으로부터 통계(1994).

33) 동아일보. 5월 1일. 1994년.

께 사는 연로한 사람들이 많이 증가했다. 지방에는 독신 노인들이 많아졌다. 이유 중의 하나는 자녀들이 도시에 가서 직장에 다니기에 이사를 갔다. 도시 근교에는 독신 연장자가 의도적으로 건강한 젊은 사람들과 함께 사는 경우가 많이 있다.[34]

출산율의 감소와 핵가족의 일반적인 경향이 1966년에 한 가족당 수가 5.5명에서 1990년에 3.8명의 크기로 줄였다. 출산은 1960년에는 천 명 당 6.0명에서 1991년에는 천 명당 1.6명으로 감소했다. 많은 사람들이 정부가 준비한 강력한 가족계획 행사에 참여했다. 핵가족의 숫자가 늘어남에 따라서 확대가족의 숫자는 1960년 28.5%에서 1985년 14.5%로 줄어들었다. 같은 기간에 핵가족도 아니고 확대가족도 아닌 다른 가족의 형태들이 7.5%에서 18.2%로 증가했다.[35]

(3) 축소된 가족기능

산업화는 한국 가족 기능에 큰 변화를 가져왔다. 전통적인 한국 가족은 교육, 종교, 그리고 산업에서 중요한 기능을 했다. 그러나 산업화 이후 이러한 기능을 전문화된 기관에게 이전 되었고, 가족은 가족의 개인을 보호하고 양육하며 아이를 사회화하는 교육 장소로 되었다.

그러나 가족 기능을 축소하는 것으로서는 가족의 기대를 감소시키지 못했다. 가족 학자들에 의하면, 가족의 기능은 항상 건조하고 애정이 없는 세상으로부터 보호소로서 이상화되었다.[36] 전통적인 한국가

---

34) 손승영, "노인 배우자의 가족 구성과 가족의 관계," 『한국가족의 관계. 편집』, 한국여성연구회 (서울: 사회문화기관, 1994), 43.

35) 함인희, 21세기와 여성에서 "전환가족과 여성의 지위" (서울: 한국여성발달연구소, 1993), 117-146.

36) Christopher Lasch, *Haven in a Heartless World. The Family Besieged* (New York: Basic Books, 1979), 45-79.

족은 아버지의 존경과 아들의 출생으로 의하여 상속을 받은 가족이 전수되어야 한다는 강한 사상이었다. 부자관계가 가족의 유산으로 면면이 내려오고 있다. 가족 규율은 친척으로서 아버지와 어머니 친척들도 모두 수용하도록 변화하였고, 아들과 딸에게 재산을 동등하게 물려주도록 변화하였다. 그러나 가부장적 전통이 너무 강해서 성차별은 계속 발생하고 있다. 남아 선호로 인해서 여아의 낙태는 출생에서 성 비율의 큰 불균형을 야기했다. 1992년 비율은 100명의 여아가 태어나면 남아는 114명이었다. 여성의 예상된 부족은 2000년도에 6명 가운데 한 남자는 결혼을 할 수 없을 것이라는 것을 의미한다.[37] 가족의 계승을 확신할 남아 선호는 신부의 부족을 야기하고 이렇게 하여 이상하게도 전반적인 한국 사회에서 가족 계승을 위한 기회들이 줄어들고 있다.

개인주의는 한국인의 삶에서 새로운 현상이다. 가족들은 지금 개인 시간표에 따라서 행동하고 그래서 가족 삶의 내용을 규격화하는 것이 더 어렵다. 개인은 가족의 전통과 가치관에 선호 없이 그들 자신의 삶을 정착하기를 원한다. 가족에게서 개인이라는 존재가 과거에는 공동체에 묻혀서 나타나지 않았지만 가족 기능의 변천으로 인해서 개인의 기능이 두드러지고 있다.

(4) 결혼이념

전통적 한국 사회는 결혼을 단순한 규범보다 더 중요한 이념으로 간주했다. 모든 사람들은 결혼을 "가장 좋은 시간" 이라고 말하며 가

장 경이로운 순간으로 기대했다. 이조 왕국은 결혼이 가족을 계승하는 것으로 간주했고 결혼이 너무 중요해서 도백이 가난한 사람을 강제로 결혼시킬 수 있었다. 그러나 산업화의 새로운 자유는 강제성에서 자발적으로 결혼 사상이 바뀌었다. 왜냐하면 사람들은 결혼의 관례보다는 개인적 자유를 더 중요한 것으로 생각하게 되었기 때문이었다.

젊은 여성들은 특별히 결혼을 선택하는 것 가운데 하나로 생각하기 시작하였다. 그들은 또한 자기-완성을 아내와 어머니의 역할 모델을 가진 결혼보다 더 중요한 것으로 생각한다. 몇몇 여성은 심지어 결혼을 거절하고 직장에서 일하고 삶을 영위함으로 자기-완성을 추구한다. 일반적으로 여성은 결혼을 필수적인 것으로 보다는 선택으로 간주한다. 비록 아직도 결혼이 그들이 선택하는 것 중에 최선이라고 생각한다 할지라도,[38) 연세대학교 설문조사에서, 젊은 남자들의 55.5%가 한 사회에서 모든 사람을 위하여 결혼이 선택적이어야 한다고 답변했고, 젊은 여성들의 78.3%가 찬성하였다. 대부분의 학생들은 결혼을 삶의 한 과정으로 생각하였지만 의무는 아니라고 했다. 결혼이란 젊은 남성들의 2.4%, 젊은 여성의 11.8%가 불필요한 것으로 간주했다.[39) 독신 성인의 수가 계속 증가했다. 1990년 통계국 조사에 의하면 30대 독신 남성과 여성들이 508,000명으로 나타났고 40대는 52,000명이었고 그전 보고서에 의하면 엄청난 증가를 나타냈다.

이혼의 형태도 역시 변했다. 전통사회는 모든 성인들이 결혼을 해야만 하는 것으로 생각했기 때문에, 이혼 후 독신 성인으로 살아가기

---

38) 여성신문, 1993년 12월 13일.
39) 경향신문, 1991년 3월 22일.

가 매우 힘들었다. 개인적 선택으로서 결혼을 취하는 것은 이혼을 같은 방법으로 생각하기 쉬워졌다. 과거에 대부분 이혼들이 남성들에 의해서 제기되었지만 이혼 10명 가운데 5명이나 6명이 여성들에 의해서 시작되었고 특히 20대와 30대가 가장 강력하게 요구하고 있다.[40] 전통의 결혼은 여성이 남편들과 아들들에게 무조건적으로 사는 것을 의미했다. 그러나 지금 그들이 자신들의 삶의 표준들 입장에서 결혼을 이해하기 시작했다. 결혼한 지 5년 후에 이혼하기로 결정한 한 여성이 이렇게 말했다. "나는 결혼 초부터 규칙적인 폭력을 감수해야 했다. 나는 고통스러운 삶을 참고 살기보다는 오히려 한 인간으로서 살기를 원한다. 그래서 나는 이혼하기로 결정했다."[41] 현대인은 이혼이 금기시되었던 전통 문화의 굴레에서 벗어나 개인의 자유와 정신적인 편안을 추구하는 것으로 나타난다.

이혼 그 자체가 심각한 문제를 일으키는 것이라기보다는 인간으로서 서로가 존경받고 존경할 수 있는 상태에서 살아가는 것을 더 중요하게 생각하기 때문에 이혼이라는 결론에 이르게 된다고 볼 수 있다.

(5) 가부장의 상실

전통 문화에서 남성들은 가족의 생계를 위한 매우 큰 책임을 지면서 대외적으로 가족의 면모를 드러내야 하는 양면의 책무를 가져야 했기에 대부분의 남성들은 개인적으로 미완성된 삶이 있으며 그들이 좋아하는 취미를 추구할 수도 없었다. 그들은 종종 그들 자신을 "돈 버는 기계"로 불렀다. 그러나 산업화는 남편들과 아내들 모두에게 돈

---

40) 한겨레신문, 1991년 12월 5일.
41) Ibid., 1992년 10월 27일.

을 벌지 않으면 안 되는 상황으로 몰고 갔다고 해도 과언은 아니다. 이것이 여성의 권리를 확장하게 했고 더 평등하고 민주적 관계로 인도했으며 전통적인 사회구조들이 문제를 내포하고 있다는 것을 알게 함으로 전통적 사회구조를 바꾸게 하였다. 그 결과 남편들과 아내들은 교육과 오락 활동 영역에서 동등할 수 있게 되었다. 가부장-중심 삶의 방식이 가족 중심 삶의 형태로 변화, 즉 가족 구성원들이 서로를 존중하고 인격을 가치 있는 것으로 받아들이며 일방적인 권위에서 상호 관계적인 협동 정신으로 하나가 되었다. 일부 젊은 배우자들은 심지어 그들의 수입과 생활비를 따로 관리하여 개인의 능력을 인정하고 노력을 수용하는 방향으로 살아간다.

아버지와 남편의 새로운 상은 가족을 위하여 가사와 책임을 나누는 사람으로 되기를 바란다. 실제로 이 유형의 사람들이 증가한다. 500명 사무직 계급의 24.2%가 가족의 수입에 대하여 여성과 책임을 나누기를 동의했고 36%가 그것을 반대했다고 한 연구는 발견하였다.[42] 그래서 많은 남성들이 여성의 일을 긍정적인 면으로 이해하기 시작했다. 이것은 여성을 남성의 파트너로 인정하면서 서로가 협력의 대상임을 인식하기 시작한 것으로 이해할 수 있다. 가족의 위험을 서로가 공유하는 생각은 가족 가운데 누구에게도 많은 부담을 지우지 않겠다는 의미이고 또한 가족 모두가 공유된 힘을 가진다고 보아야 한다. 이렇게 나아갈 때 가족의 건강은 유지되고 발전될 수 있다.

---

42) 여성신문, 1993년 12월 31일.

(6) 모성

많은 현대 여성들은 모순되게도 현명한 어머니와 착한 아내의 전통적인 덕목을 숙고하기 시작했다. 경제력뿐만 아니라 헌신하는 능력, 매력, 예의범절을 취해야만 하는 이미지는 매우 힘든 희생을 포함한다. 현명한 어머니와 착한 아내의 상은 여성의 본래성을 억압하며 창조성을 왜곡시킨다고 보아야 한다. 이 사고가 고정된다면 여성들에게 점점 더 많은 수치심의 짐을 지우게 하는 것이다. 이것은 여성을 점점 더 억압하게 하는 새로운 억압으로 보아야 한다. 이러한 맥락에서 젊은 한국 여성들은 돈을 위한 경제적 필요와 자기-완성을 위한 심리적 필요 모두를 만족시키기 위하여 보상에 연연하지 않고 자기만의 본성을 나타내기 위하여 직업을 추구하는 것이 점점 보편화되어가고 있다. 아이 양육에서 남편의 참여가 불충분할 때, 남성들은 그것에 책임을 져야 한다. 이유인즉 여성은 집에서뿐만 아니라 외부에서도 일을 한다. 그래서 그들은 이중의 짐을 지고 있다.[43] 여성은 자신이 "초-여성"이 되어야 한다고 느낀다. 만약 여성이 그것을 관리하지 못한다면, 아이를 양육하기 위하여 일하지 말아야 했을 걸, 아이들과 관계를 놓치지 말아야 했을 걸 종종 후회한다. 아이의 양육을 오로지 여성에게만 돌리는 문화는 가부장 사회에서 발생하는 양육의 신성함에 대한 편견으로 보아야 할 것이다. 모든 일이 소중하고 가치 있는 일이라고 생각한다면 양육이 바로 여성에게만 국한되어야 한다는 생각도 모순된 일이라고 본다.

일부 여성은 "현명한 어머니와 착한 아내"의 덕목을 실제적으로

---

43) 여성을 위한 연구 단체, 일곱 가지 여성의 강박관념 (서울: 현암사, 1994), 56-67.

보면 절대로 성취할 수 없는 것을 가지기 때문에 초-여성 강박관념을 극복하려고 노력한다. 여성들은 가족 환경들에 맞추기 위하여 가족 성취들에 기대를 낮게 한다. 가사 성취의 높은 기대는 전업 가사의 일에 오직 적합하다. 여성이 자녀를 양육하는 것은 전업 주부에게만 해당한다는 이유로 불충분한 자녀 양육에 관하여 죄의식을 피하려고 한다. 또한 전체적으로 전통적인 모성에 대한 이념은 여성 자신의 욕망들과 생각들을 무시했던 희생적, 타인 중심적 삶에서 지속적인 헌신을 요구하기 때문에 비현실적이었다. 이러한 여성들은 가족의 번영을 위하여 여성이 희생해야 한다는 당위성과 여성들의 권리들, 욕망들, 선택들에 대하여 관심을 가지지 않는 것에 새로운 도전을 준다. 그들은 여성의 인간성, 인격을 무시한 사상을 믿는다. 그리고 그들은 그들 개인의 재능들을 발달시킬 기회를 가지기를 원한다.

(7) 성 규범

한국 가족에서 여성의 위상에 관한 또 다른 중요한 변화는 산업화에 의해서 이루어진 성 규범에 대한 전통적인 이중 잣대를 향한 새로운 태도이다. 젊은 여성들이 나이든 여성들보다 남편의 외도나 방탕한 삶을 이해하는데 더 힘들어 한다. 그리고 이것이 여성들 가운데 다른 세대 사이의 거리를 만드는 데 새로운 요인이 된다. 단지 몇 년 전에 남편의 폭력으로부터 고통을 당하는 여성들은 이혼하는 것을 주저했지만 그러나 지금은 어떻게 이혼을 하고 어떻게 이혼하는 과정에 들어가는가를 더 쉽게 질문한다고 한국가족 법률 조언 상담자가 말했다.[44] 이것은 여성이 경험하는 불의에 대하여 과거와 달리 적극적으로 대처한다는 의미이다. 상대방의 불의 그리고 억압적인 성적 고통이나 갈등에 능동적 대처방안을 찾는다고 해석할 수 있다.

성이 해방되고 개방됨으로서, 결혼으로부터 자유를 가지려고 노력하는 여성들의 숫자가 증가했다. 부산여대에서 결혼 전 정절에 관한 보고서에 의하면, 만약 소년과 소녀가 서로 사랑한다면 88%의 그들은 결혼하기 전에 성관계를 가질 수 있다고 동의했다. 대부분 여성들은 사랑을 결혼의 필수적인 요소로 간주했고 그래서 만약 여성들이 결혼하기로 계획을 만든다면, 결혼 전에 성관계를 허용할 수 있다. 그러나 그들은 역시 무조건적으로 성관계를 갖는 것을 피하는 것 같았다. 여성들은 남성들이 순결해야 한다는 그들의 원리를 적용하려고 노력한다.[45] 여성들은 남편과 아내 모두에 적용하는 성적인 매력을 가지고 성적인 만족을 취하려고 한다. 결혼한 여성들이 성에 관하여 자유롭고 솔직하게 말하는 경향이 있고 성을 세계적인 것으로 간주한다. 전통적으로 여성의 임무들 중 하나인 남성과 역시 공유된 의무가 되었다. 전통적 남성이 지배한 성 생활은 남편의 주도로 아내와 성취하는 경향이 있다. 성 생활은 일방적인 요구나 상호적인 협력을 무시하는 형태는 전반적으로 수용하지 않는 것으로 이해되었다. 즉 부부간의 성적인 생활은 서로의 생각과 행동에 협력이라는 인식 없이는 부부의 행복에 금이 간다.

한국 언론에 보고된 두 해설은 전환기적인 문화에서 성에 관한 여성의 양면성과 남성의 혼란을 드러낸다. 31세의 미혼 여성이 고백하기를 "20대까지 보수적인 가족 아래서 양육되었다. 그러나 나는 성과

---

44) 한겨레신문, 1992년 10월 27일.

45) 강덕희, 『여성과 간국사회』에서 "생물학적 성 차이와 불평등." 연구를 위한 한국여성 사회 (서울: 사회문화연구소, 1994), 59.

나의 삶을 즐기고 싶다. 성에 관한 나의 생각은 나의 친구들과 같다.”
다른 한편으로 일부 남성들은 그들의 강한 전통적 문화의 조건화의
상황에서 새로운 성 규범의 긍정적인 면들을 어떻게 수용할 수 있는
가 의문이다. 성에 관하여 상담자를 방문한 30대인 한 남성은 솔직하
게 말하기를 “비록 내가 성의 활동을 수용해야 한다고 할지라도, 나
는 그것을 감정적으로 어떻게 인정해야 하는가? 고민이다.”[46] 여기서
우리가 알아야 할 점은 성이란 단순히 육체적인 관점에서만 이해할
것이 아니라 정신적인 측면, 즉 성은 곧 그 사람의 정체성, 그 사람의
전체를 담고 있는 것으로 이해한다면 성에 대한 편향적인 결정은 위
험한 결과를 초래할 수 있다. 성은 한 사람 전체이다. 육체적인 부분
뿐만 아니라 정신적인 부분 모두를 포함한다.

(8) 효의 재정의

전통적으로 효는 부모들의 사랑에 대한 감사를 나타낸 것으로서
가족계승을 위한 강력한 연결고리였다. 그러나 현대가족은 그러한 아
름다운 점을 취하지 않는다. 새로운 사회 환경과 더불어 효의 규범을
알게 됨으로 부모가 지지해 주는 것에 대하여 점점 더 긴장하게 되었
다. 가장 나이가 많은 아들이 아니라 딸을 포함하여 모든 자녀가 그
들의 부모들을 지지해야 한다는 생각이 비등해왔다. 15세 이상의 사
람들의 87.5%가 그들의 연로한 부모를 섬겨야 한다고 생각했고 그중
에 19.6%가 맏이가 섬겨야 한다고 했으며, 11.4%는 모든 아들이,
29.1%는 딸을 포함하는 모든 자녀가 섬겨야 한다고 했고, 27.2%는 가

---

46) 한겨레신문, 1994년 2월 8일.

장 능력 있는 자녀가 섬겨야 한다고 통계청에 보고했다.

핵가족화는 모든 세대들에게 개인주의를 소개했다. 전통적으로, 그의 부모와 살기를 거부한 아들은 부모에게 불경을 나타냈지만 같이 살지 않는다는 것이 반드시 부모를 존경하지 않는 것은 아니다. 현재 많은 부모들이 떨어져 살기를 원한다. 이유는 자신의 아들에게 의존하며 살기를 원하지 않기 때문이다. 부모의 71.6%는 자녀에게 짐을 덜어주기 위해서 자녀로부터 떨어져 살기를 원하고 더 많은 자유를 가지기 위해서 독립해서 살기를 원한다고 나이가 들어가는 부모들의 생각을 연구한 보고서가 설명했다.[47) 60세가 넘은 응답자들 중의 49.7%가 그들의 건강을 지키고, 일하고, 용돈을 벌고, 가난한 자들을 위한 보호체계 아래서 생활비를 유지하기 위해서 일하기를 원했다.[48) 부모의 세대는 자녀의 세대로부터 독자적이기를 원한다.

이것이 자녀 세대로부터 변화된 중요한 것을 지지하는 것이다. 예를 들면, 지금 자녀는 여유가 있는 홀로된 부모가 재혼하기를 바라는 경향이 있다. 남성 노인들은 배우자가 자신을 돌보길 원할 수 있다. 반면 여성 노인들은 가치관이 다른 며느리와 같이 살기를 원하지 않는 경향이 있다. 이유는 서로가 이해할 수 없는 며느리와 시어머니가 같이 사는 것이 견디기 힘들기 때문이다. 그래서 사별하거나 이혼한 여성 노인들이 홀로 살지 않고 다시 결혼하는 이유는 다가올 가난에 대한 두려움과 젊은 여성들과의 갈등을 피하기 위해서이다. 이것은 함께 효의 사상을 폐기하지 않는다. 이유는 상호존중과 돌봄을 위해 아직도 큰 필요가 있기 때문이다. 어떤 수정된 효의 개념이 없다면,

---

47) 동아일보, 1993년 10월 20일.
48) 경향신문, 1993년 5월 8일.

억압과 고립이 더 젊고 나이든 세대들 사이에 더 종종 발생할 수 있을 것이다.

(9) 여가의 사용

전통적인 농경문화 사회에서 노동은 여가와 너무 밀접하기에 여가에 대한 특별한 정의가 불가능하다. 초기 산업시대 동안, 노동과 여가 사이의 구분이 없었다. 이유는 두 가지가 노동을 단지 성취하기 위해서 수행되었다. 노동은 주요한 여가의 원인으로서 노동 안에 여가가 포함되었다. 그러나 경제가 성장하면서 편리한 생필품이 늘어났고 삶의 수준이 높아졌다. 더 나은 삶의 질을 위하여 여가생활도 중요해졌다. 사람들은 여가의 중요성을 알게 되었고 많은 여가들을 즐길 수 있었다. 휴가때에는 상점들이 휴업하는 경우가 되었고 특히 휴일에는 병원과 약국이 개점한 곳을 찾기가 어려웠다. 노동 운동이 임금 상승에 성공함으로, 더 많은 노동자들은 휴가철을 지키기를 원했다. 95%의 노동자들은 휴가철에 일하지 않기를 더 바랐다. 비록 휴가철에 임금을 적게 받는 한이 있더라도,[49] 휴가철은 가족의 삶의 질과 관계들의 힘을 강화하는 것처럼 보였다. 임금을 위한 노동이 아니라 삶의 질을 고려한 노동이 고려되었다. 여가란 노동을 상승시키고 삶의 질뿐만 아니라 자신의 사회적, 심리적 입장을 알 수 있게 해준다.

여가 활동의 다양한 형태들은 더욱더 다양한 가족 삶의 형태를 발달하게 한다. 전통적인 위계적 가족들을 특징화했던 수직적인 가족구조는 평등을 주장하는 사람들 사이에 상호 관계들을 기반으로 하

---

49) 조선일보, 1990년 2월 16일.

는 수평적인 구조로 변했다.

2) 기독교의 영향

(1) 정치적인 면들

19세기 후반에 기독교가 한국에 소개되면서 현대 한국 사회는 큰 영향과 충격을 받았다. 기독교가 한국 사회에 가장 큰 영향을 준 것 가운데 하나는 민주주의 사상을 고양하는 것이었기 때문이다. 기독교에서 평등주의는 전통적인 불교나 유교 사상에 있는 개념들과는 훨씬 달랐다. 기독교 평등주의는 전통적인 한국 가부장 가족체계에 혁명적인 것이었다, 비록 기독교 평등주의 자체 안에서도 서구문화로부터 많은 가부장적인 요소들이 있었다고 하더라도 한국 사회에 찾아온 기독교 문화는 지축을 흔드는 변혁의 요인임에 틀림없다. 그 이유는 한국 사회에 전대미문에 없는 자유와 평등이라는 가치관이 기존의 세력을 가진 사람들에게는 잠재적 위험의 대상이기 때문이었다.

산업화가 시작되기 전 한국 사회에 변화를 가져오게 된 중요한 기관은 독립협회였다. 이 기관은 19세기 말에 서구 자유주의에 새로운 교육을 받은 지식계급에 의해서 세워졌다. 이 협회 사람들은 정치적 단체들을 형성하였고 국가의 독립을 보존하기 위하여 싸웠으며, 신적인 권리와 자연법칙에 근거하여 사람들의 권리를 위해 투쟁을 하였다. 1898년 한 논문에서 보면 남성들과 여성들 모두를 위한 평등권을 포함시켰다:

하나님이 사람들을 낳을 때, 남자와 여자는 동일하다. 여자와 남자

는 교육을 받고 평등권을 가지며 그들의 삶에서 자신들의 일들을
수행하는 것이 당연하다. 동양 문화권 안에서 남성들이 어떻게 여
성들을 억압하며 여성들이 어떻게 죽은 사람과 같이 살아야하는
가? 남자와 여자가 더불어 일하는 가족과 국가는 행복하고 평안하
다. 오늘 이 상황이 어떻게 행복할 수 있을까?[50]

이러한 민주주의 자유와 권리들은 기독교를 배경으로 취해졌다.
요즈음 크리스천 사상을 아는 새 방법들이 이해한 한계들은 이러한
긍정적 유산을 변화시키지 않는다. 한국 국가적 독립과 민주적 자유
의 사상들은 19세기 말과 20세기 초어서 새롭게 창건한 크리스천 신
앙과 신학의 사상과 일치하는 것처럼 보였다. 독립협회와 관계를 맺
은 유길준은 "성경 구락부의 목적"이란 것에 기독교와 인권들 사이의
관계에 관하여 저술하였다:

만약 우리가 구원자 종교를 추종하는 사람들을 믿었다면, 누가 독
립적이 될 수 없겠는가? 모든 사람들은 자유로운 사람이 될 수 있
었을 것이다. 기독교는 인간이 되어야 할 사람을 만들 수 있다. 인
간이 어떤 존재여야 하고, 어떻게 의두를 수행하며, 자신들을 위하
여 영광이 무엇이고 가치가 무엇인가를 알도록 해야 한다.[51]

독립협회 운동과 기독교 신앙 사이에는 관계가 있다. 사회를 혁신
하고 사람들을 계몽시키는 분위기에서, 인간의 권리들은 남성들과 여
성들 모두에게 중요한 요소가 되었다. 전통 한국 가족체계는 높고 낮
은 사회 계층들 사이에 생긴 갈등들로부터 야기된 특히 서구 크리스
천의 인권사상에 의해서 영향을 받았다. 기독교는 사회체제를 변형시

---

50) 독립신문 사설에서, vol.3 no. 2, January 4(1898).

51) 김용복, 『한국 기독교 사회적 운동』에서 "전통, 혁명, 기독교" 전대련과 노종호 편집 (서울: 노단출판사,
   1986), 11.

키기 위해 시작한 가장 진보적인 사람들 중 많은 사람들에게 영향을 미쳤다. 기독교는 여성들의 권리에 관하여 전통적인 한국 가족의 방법들에 도전을 주는데 중요한 역할을 하였다. 이러한 초기 영향에서, 기독교 그 자체가 고대시대로부터 남아있는 가부장적 사고들이 기독교 자체 안에서 수행되었다는 것이 분명하지 않았다. 즉 기독교는 가부장적인 요소들을 이용하여 기독교 본연의 임무를 수행하지 않았다는 점이다. 그럼에도 불구하고 기독교는 기존의 세력가들에게는 공공의 적이 될 수밖에 없었다.

결국 기독교 사상은 전통 한국의 사상인 가부장적인 유교사상과 충돌하게 되었으며 그 충돌의 결과는 모든 사람들이 평등하고 자유롭게 선택할 수 있다고 인식한 큰 열매임을을 부인할 수 없다. 이러한 맥락에서 기독교 사상은 잠자는 한국 전통사회를 깨우쳐 주는 중요한 역할을 했다고 볼 수 있다.

(2) 교육

기독교는 여성들을 포함하여 모든 계층의 사람들을 교육시키는 일을 하였기에 한국 사회에 영향을 미쳤다. 평등이라는 기독교 철학에 근거하여 모든 사람들을 인정해 주는 역할을 했다. 초기 기독교 선교사들은 사람들을 도와서 그들의 내면의 인간을 알게 했던 교육과 육체적인 고통으로부터 자유하게 하기 위하여 의료 활동을 전개하였다. 1885년 4월에 초기 선교사들은 이렇게 저술하였다: "우리는 교육 사업을 시작하고 언어를 공부하기 위하여 왔다. 우리는 언어를 배우는 학생뿐만 아니라 교육 사업가로 미국으로부터 보호를 받을 수 있을까? 복음을 전파할 시간이 아니라 교육을 시작할 때이다."[52] 기독교가 전파되기 전에, 교육은 서구 철학과 문화를 알리기 위한 틀로 간주했다. 교육의 목적은 사람들로 하여금 기독교를 인식하게 하고 그들의 역사를 알게 했다. 기독교는 종교로 이해되기 보다는 교육적인 지도로서 환영을 받았다.

독립협회를 조직한 미국 시민이었고 신실한 기독교인 서재필은 교육에도 중요한 출발을 시작했다. 독립협회는 교육을 통하여 인간의 권리들을 주장했다. 독립협회는 상징적인 일을 능가했고 직접으로 정치적이고 사회적인 기획들을 시작했던 시민집회로 그것 자체를 변형했다. 독립협회의 우선적인 일은 대중교육 운동을 시작하는 것이었다.

선교사 교육에 의하면, 한국에서 서구 문화의 첫 학교는 1885년 아펜젤러에 의해서 세워진 배재학당이었다. 고종 왕이 스스로 명명했다. 여성을 위한 근대 교육은 1886년 5월 30일에 메리 피치 스크랜턴이 여성들을 위한 이화학당을 세웠을 때 시작되었다. 그녀의 유일한 강한 목적의식으로 인하여 성공하게 되었다. 비록 음식, 옷, 기숙사, 그리고 학비를 제공했다고 할지라도, 스크랜턴 여사는 학생을 모우기가 여간 쉬운 일이 아니었다. 유교문화는 소녀들을 집 밖으로 내보내는 것을 허용하지 않았고 여성들이 그러한 전통에 반기를 들 만큼 준비도 되지 않았다. 단지 20년 앞서 조선 정부는 가톨릭 신자들을 대량으로 학살했고 사람들은 이러한 무서운 사건들을 계속 기억했다. 부모들은 새로운 교육을 위하여 크리스천 선교사들에게 딸들을 기꺼이 보내는 것을 주저할 만했다.

교육은 인간을 독립적이고 개성적인 면으로 부각시켰으며 인간을

---

52) 민경배, 『한국기독교사』 (서울: 대한기독교출판사, 1985), 234

억누른 모든 요소들을 없애는 방법들을 인지하게 해주었다는 점이다.
또한 모든 인간에 대한 평등과 기회를 중요하게 여기도록 교육되었
으며 새로운 삶의 방법을 알려주는 종교를 전파하는 교육도 했다.

(3) 여성의 위상 변화

기독교의 전파는 성에 대한 태도를 바꾸어 놓았고, 남성과 여성 사
이의 관계도 바뀌었다. 전통 한국사회에서 성의 장벽, 즉 성차별에 대
한 불합리성을 알게 해주었다. 전통적인 한국가족은 청교도의 개신교
회의 윤리들을 수용할 수 없는 것으로 간주했다. 기독교는 성 도덕에
서 이중 규범으로 점철했던 사회생활, 가족생활 그리고 법에서 남성
들에게 특권을 주었던 전반적인 삶의 형태를 용인할 수 없었다. 초기
부터, 개신교 교회는 성 도덕의 전통적 풍습을 바꾸는 데 특별한 주
의를 기울였다. 교회는 믿음 있는 미혼 남성들에게 옛 성도덕에 관한
생활을 하는 데 있어 그들의 생각을 바꾸도록 했고, 성적 부도덕에
대하여 죄의식을 고취시켰으며 그들에게 경고하여 그들의 성 도덕의
삶의 방법을 거부한 교회구성원은 공동체에서 떠나게 했다. 그러한
응보적인 행동을 하게 된 중요한 요인은 여성들에 의한 불만에서 시
작되었다.

성 도덕에 대한 태도에서 점진적 변화는 여성들의 사회적 신분의
상승과 함께 일어났다. 교회에 의해 상승된 남편과 아내 사이의 평등
사상이 서서히 수용되었고 기독교인 가정들에서 점차적으로 실행되
었다. 이러한 변화는 현대 한국 문화적 변화에 있어서 매우 중요한
요소들 가운데 하나였다. 전통적 가족체계 하에서, 남성들과 여성들
은 어떤 일도 함께 할 수 없었다. 남녀칠세부동석이라는 말은 어릴

때부터 교육을 받았고 무의식화되었기에 성장하여도 남녀가 동석하는 것을 불편하게 느꼈다. 예를 들면, 여성들은 조상 제사의 전통적인 한국 풍습에 참여할 수 없었다. 이것은 상류층에서는 예외로 하고 대부분 여성들에게 배움에서도 걸림돌이 되었다. 그러나 기독교는 높은 계층이나 낮은 계층에 관계없이 그들이 교회와 기독교가 운영하는 학교에 참여하도록 허락했다. 기본적으로 성이나 계층에 대한 차별을 하지 않았고 포용적 태도를 취했다. 기독교의 성에 대한 접근 방법은 하나님의 형상을 기반으로 했기에 누구도 차별할 수 없고 차별당할 수 없는 것으로 이해되었다.

결론적으로, 새로운 사회적-정치적 환경들이 조성된 요인들 가운데 하나는 새로운 문화, 즉 외국의 새로운 종교인 기독교와 그것을 주도한 외국인들의 삶의 방식들에 의해서 독특성이 형성되었다. 특히 미국의 선교사로부터 새로운 문명을 수입한 한국 사회는 전반적으로 사상의 변화를 가져오게 되었다. 구체적으로 평등과 자유에 기반을 둔 사회적-정치적 개혁을 구체화하는데 기독교 문화가 큰 역할을 했다. 가톨릭뿐만 아니라 개신교는 사회 운동을 전개했을 뿐만 아니라 종교적 운동에 초점을 두었다. 새로운 서구 문화에 의해서 남성과 여성 모두는 그들의 인간성을 회복할 새로운 기회이고 인간으로서 그들의 유일성을 발달시킬 새로운 시간을 가졌다. 기독교는 성차별의 가슴 아픈 이야기와 가족 삶의 가부장적 형태를 완화할 방법을 제공했다. 크리스천 교회는 한국 전통문화가 인간 권리를 억압하고 왜곡했던 실체들을 볼 수 있게 했고 인간으로서 자신의 존귀함을 각성할 수 있는 기회를 주었다. 이점에서 볼 때 기독교 문화는 전통 문화를 억압하는 것이 아니라 전통 문화의 고유성을 자유하게 하는 길을 열어 주었다고 볼 수 있다. 가부장에 의한 성차별은 곧 인간의 보편성과 독특성을 무시하는 결과를 가져오고 기독교는 그러한 점들을 치유하는 기회를 가졌다고 해석할 수 있다.

3) 여성들의 경험을 나타내는 여성들

근대화로 야기된 가족 변화들에 대한 다양한 관점을 구체적인 용어로 나타내는 저자의 임상사례에 기초하여 서술한다. 첫 사례는 한국에서 더 오래된 세대의 사람들에게 관심을 가지며, 두 번째 사례는 더 젊은 세대에 관심을 가진다. 세 번째의 사례는 가족이란 홀로그램처럼 한국인으로서 비록 외국에 살고 있지만 이민자들이 경험하는 상담사례를 요약한 것이다. 이것을 통해서 한국 가족의 갈등과 아픔의 실체를 알고자 한다.

(1) 사례 1

이 가족은 73세 때 돌아가신 시어머니와 현재 76세인 며느리 사이의 전형적인 갈등을 보여준다. 며느리의 남편은 지금 82세이고 확대가족에서 가장 노인이다.

돌아가신 시어머니는 두 자녀를 낳았는데 82세인 아들과 나이가 더 많은 딸이다. 전통적 가부장적 분위기가 지배적인 시대에는 많은 자녀를 둔 가정은 더 행복한 가정으로 생각했다. 가족의 성공을 돕기 위해서, 시어머니는 그의 아들을 정성스럽게 양육했고 그에게 모든 정성을 쏟아부었다. 시어머니는 외동아들을 가져서 그의 아들에게 관심을 가졌고 미래의 며느리에 대하여 큰 관심을 기울였다.

며느리는 그의 가족보다 시어머니의 가족을 더 좋게 생각했다. 성장할 동안 재정적으로 부족함 없이 충분하게 살았다. 그녀는 그녀의 가족 안에서 여성들에 대한 많은 차별을 확실히 경험하지 않았다. 그녀는 그의 부모와 큰오빠로부터 지원을 받았다.

전통적인 결혼 관습을 따르면서 신랑과 신부는 그들이 결혼하기 전에 서로 만날 수 없었다. 그들의 부모는 신랑과 신부의 생각을 고려하지 않고 그들의 결혼을 결정하였다. 그들은 결혼을 했고 한 집에서 남편의 부모님과 한집에 살았다. 외냐하면 그의 직장이 거리상으로 멀리 떨어져 있었기 때문이었다. 며느리는 아들을 갖는 가장 중요한 목표를 이루었다.

그녀의 시어머니는 손자를 보게 되어 매우 행복해 했다. 며느리는 남편과 시어머니에게 사랑을 받았고 그녀는 남편을 위하여 무엇이든지 할 수 있었다. 이렇게 사랑을 받은 이유는 그녀가 자녀를 여섯 명이나 낳았기 때문이다. 남편은 은행에서 높은 위치에 있었다. 그가 젊었을 때, 그는 충분한 돈을 벌어서 그의 부모를 지지할 수 있었고 미래에 자녀를 양육할 수 있었다. 그의 부모는 자족하지 않았다. 시어머니의 남편, 즉 시아버지는 공무원이었다. 그는 그의 아들을 돕지 않고 자신의 미래를 위하여 자산을 모았다. 그 아들은 부모의 자산에 관하여 알지 못했다.

함께 살면서 갈등이 시어머니와 며느리 사이에 생겼다. 아들이 아내를 너무 사랑해서 그의 어머니는 외로움에 빠져들기 시작했고, 며느리에게 아들의 사랑을 빼앗겨 상실감이 컸다. 아들의 사랑이 어머니보다 아내에게 돌아갔기 때문에 며느리에 대한 시어머니의 질투심이 생겼다. 그래서 시어머니는 며느리가 하는 일에 간섭하고 제동을 걸기 시작했다. 한때 시어머니는 밥상을 마당 밖으로 내던지면서 며느리에게 큰소리를 질렀다. 그 며느리는 자기 방에 박혀서 혼자 울기 시작했다. 왜냐하면 며느리는 아이들과 친척들에게 고통의 흔적들을 보일 수 없었기 때문이었다.

아들은 우뚝 서서 어머니와 아내 사이에서 당황했다. 아들은 누가 옳았고 누가 잘못이 있었는가를 이해할 수 없었다.

아내는 자신의 슬픔을 누구와도 나눌 수 없었다. 상담 그 자체가 그의 가족과 공동체에 수치가 될 수 있었다. 그녀는 시어머니와의 갈등을 견뎌내기가 너무 힘들어서 며칠간 친정에 머물렀다. 남편은 그의 아내가 하는 집안일을 돕기 위하여 젊은 여성을 고용하였다. 그리고 그는 그 문제에 관하여 그의 어머니와 이야기를 하곤 했다. 그 상황은 힘들고 고통스러웠다. 만약 남편이 그의 어머니를 비판한다면, 그는 그의 부모를 향해서 효가 부족하다고 비난을 받을 것이었다.

이 고통스러운 상황이 해결되기 전에, 그녀는 25년이라는 시간동안 위장병과 두통이라는 만성 질환을 앓아왔다. 그녀는 먹은 음식을 소화시킬 수 없었고 심지어 물 한 모금도 못 마실 때도 있었다. 결국 큰 도시의 병원에 입원을 하지 않으면 안 되었다. 진단은 정신성 위염과과 스트레스였다. 치료는 특별히 없었다. 그녀는 너무 야위어서 동네 사람들이 그녀를 알아보지 못할 정도였다.

심지어 이러한 고통스러운 상황에서도, 시어머니는 그녀의 고통을 상담하기 위하여 최선을 다하려고 했다. 그러나 시어머니가 죽었을 때, 며느리의 신체적이고 정신적인 증상들은 즉각 사라졌다. 며느리는 그의 증상들을 치료할 약을 더 이상 먹을 필요가 없어졌다.

그 문제는 자녀들과 가족 일을 처리하는 것에 대한 갈등으로부터 유래되었다. 예를 들면, 시어머니는 가장 나이가 많은 손자에게 그의 어머니에 관하여 항상 말하곤 하였는데, "네 어머니는 조상에게 바르게 제사도 지내지 않았고 제사들에 대해 최선을 다 하지 않았다"고 했다. 큰 손자는 종종 자신의 어머니의 생각을 들어보지도 않고 그의 어머니에게 말하기를 '할머니가 좋아하는 방향으로 어머니의 생각을 바꾸시지요'라고 요청했다. 그래서 큰 아들은 어머니의 생각에 반대를 할 특권으로 이렇게 했다.

시어머니는 며느리가 집안 일을 행할 때 먼저 자기와 상의하지 않고 할 때 불평을 털어 놓았다. 시어머니는 가족의 일과 손자들에 대하여 그의 권위를 포기할 수 없었다. 그러나 그가 죽기 전에, 그의 아들과 손자들에게 어떤 재산도 유산으로 남겨두지 않았다.

모든 당사자들은 수년 동안 가족의 분위기를 깬 이러한 아픔, 긴 갈등을 나누었다. 오직 어머니가 돌아가신 후 가족들은 며느리를 이해하기 시작하고, 가족들은 가족의 건강한 정신을 회복했다.

(2) 사례 2

이 사례에서 주인공은 40대이다. 그들은 비록 현대적 삶을 산다고 할지라도 주로 가사를 운영하는 데 의견이 다르고 손자를 교육시키는 방법에 차이가 있음으로 생겨나는 문제이다.

젊은 남편은 여섯 째 중의 다섯 번째로 그의 어머니에 의해서 양육되었다. 그의 가족은 매우 호의적이었으며 서로를 도와주려고 노력하였다. 그의 아버지는 국가 공무원이었다. 그의 아버지는 가족들에게 말이 없었다. 그는 가족을 위하여 아내에게 돈을 벌어다 주는 전형적인 남자였다. 그는 성실하게 돈을 벌어서 가족을 위하여 저축도 했다.

아버지의 도움 없이 그는 자신의 노력으로 가정을 일구었다.

그의 아내, 며느리는 자녀들을 양육하고 가족의 남편을 위하여 일을 했던 전형적인 여성이었다. 대학 등록금과 생활비를 준비하기 위하여, 그녀는 돈을 벌어야 했다. 이유는 그녀의 남편 월급이 그들의 자녀들을 양육하기에 부족하였기 때문 이었다.

젊은 아내인 며느리는 여섯 명 중의 한 사람이었고 그녀의 가족은 매우 전통적이고 가족들과 성들 사이에 매우 엄격했다. 그의 어머니는 그가 매우 어렸을 때 돌아가셨고, 그는 그의 오빠와 올케에 의해서 양육되었다. 그녀는 공무원이었다. 그녀는 매우 신앙심이 있는 여성이었다. 그녀의 가족은 학문의 분위기가 넘치는 가족이었다. 그녀의 가족은 많은 친척들이 있었으며 대가족이었다.

젊은 남편은 대학을 졸업했고 서울에서 일을 했으며 친구의 소개로 아내와 결혼하게 되었다. 남편과 아내의 직장이 서로 다른 지역에 있기 때문에 부부는 떨어져 살았다. 그녀가 아기를 낳았을 때, 그녀는 아이를 양육하기를 원했지만 그 아이를 시어머니에게 두고 떠나야만 했다. 그 부부는 남편이 외국으로 공부하러 떠나기 전, 오직 6개월만 같이 살았다. 남편은 유학을 갔고 시어머니가 경제적으로 그의 가족을 도왔다. 시어머니는 그녀가 직장에 있는 동안 아이를 돌봐주었다. 그러나 그녀가 직장에서 돌아왔을 때, 그녀는 계속 가족을 위하여 음식을 만들어야 했으며 밤에는 아이를 돌봐야 했다. 그녀는 너무 힘들어서 직장에서 일을 잘 할 수 없었고 고모가 아이를 돌보아야 하지 않을까 제안을 했다. 하지만 시어머니는 아이를 가족 이외에 누구에게도 돌보게 할 수 없다며 거절했다. 칠십 대인 시어머니와 어느덧 40대가 된 그녀는 아이를 교육시키는 방법과 양육하는 방법에 대하여 예리하게 상반되었다. 아이는 할머니에게 너무 밀접하게 교육을 받았고 어머니는 아들에게 영향을 미치지 못하게 했다. 그래서 어머니는 혼자 잤다. 그녀의 시어머니가 며느리에게 큰소리로 말할 때, 아이는 차분히 앉아 있지 못하고 불안하여 그 방 여러 곳을 돌아다녔다. 그 아이의 감정은 매우 불안정했고 두려움을 느꼈다. 그는 눈을 크게 뜨고 누군가 자기를 보호해 줄 사람을 찾으며 소리쳐 울었다. 그녀가 아이를 교육하는 다른 더 좋은 방법을 제안했지만, 시어머니는 자신이 아이를 기를 때에는 자기 방식으로 키울 테니깐 아이가 너에게 돌아가면 그때 네가 네 방법으로 알아서 교육시키라고 소리쳤다.

자신과 자식, 그리고 남편을 위하여 돈을 벌 동안 며느리는 아이를 돌볼 방법을 찾을 수 없었다. 며느리는 시어머니와 더불어 이야기할 수 없었기에 순수한 인내가 그 상황을 다룰 수 있는 유일한 방법이었다. 유교의 원칙에 의하면 한 사람이 자기의 부모를 무조건 존경해야 하고 자신의 생각을 표현하지 않는 것이다. 고통스러운 4년의 기간이었다. 이러한 사건들을 기억하면 그녀는 두려워진다.

어머니는 가족 안에서 자신의 두려움을 숨기면서 갈등 가운데 불안하게 살아남는다. 며느리는 가능한 닿이 그녀의 남편을 위하여 재정적인 지원을 돕길 원했다. 무엇이 자녀, 남편, 그리고 자신에게 가장 좋을 것인가를 생각했고 결심했다. 그녀는 마침내 미국에 있는 남편에게 합류하기를 원했다. 그녀는 한국에서 일어난 것을 솔직히 그에게 설명했다. 그녀는 남편과 일 년간 함께 산 후에 신체적, 정신적 건강을 회복하였다.

(3) 사례 3

이 가족은 3세대가 함께 살았으며, 할머니는 80대, 결혼한 아들은 60대, 그의 며느리는 40대, 그리고 손녀는 10대이다. 그의 할머니는 매우 일찍 과부가 된 상태에서 독자인 아들을 키웠다(딸 하나가 있는데 멀리 떨어져 살고 있으며 그녀의 남편이 폭력을 행사했기에 이혼을 했다). 할머니는 그의 아들과 함께 살면서 양육시키기 위하여, 매우 부지런히 돈을 벌었다. 그녀는 아들을 아들뿐만 아니라 남편으로 생각했다. 매우 현명했고 자기 아들과 어떻게 살아가야 하는가에 대한 생각을 가졌다. 그녀는 자신의 회사를 경영했다.

이른 시기부터 그녀는 아들 교육을 지원하기 위하여 일을 해야 했다. 다음과 같이 일어난 일을 보면 그녀가 아들을 얼마나 사랑했는가를 알 수 있다. 아들이 미국에서 공부하는 동안 13번이나 항공 우편으로 김치를 보냈다. 그녀는 아들에 대한 사랑이 매우 강렬해서 이 세상의 어떤 것과도 비교할 수 없었다. 그녀가 말하기를 아들이 공부에 집중할 때 자신은 아무것도 하지 않았다고 한다. 그녀의 인생 목적은 아들과 관계성이었다. 삶에서 그녀의 유일한 소망은 그녀의 아들을 사랑하는 것이요, 아들이 그녀를 사랑하는 마음을 가지는 것이다. 그녀가 아들과 관계를 가질 때 그 어느 것도 개입을 허락하지 않았다.

아들의 아내는 아들보다 젊고, 직업을 가졌음에도 매우 순수하며 남편에게 의존적이었다. 한국 문화에서 남편은 아내의 유일한 피난처이다. 남편만이 외부로부터 아내를 보호해 줄 수 있는 유일한 사람이다. 아내는 남편에게 복종하고 자녀를 양육하며 가사를 돌보는 전형적인 한국 여성이었다. 공부하러 외국으로 나갈 때, 아내는 신용카드를 사용하지 않았고 영어도 배우지 않았다. 이런 것이 오직 남편에게 의존하고 있다는 증거였다. 아내는 남편과 딸, 그리고 시어머니에게 헌신했다.

늦게 결혼한 남편은 그의 어머니로부터 완전히 영향을 받으며 성장했다. 이유는 일찍이 그의 아버지가 세상을 떠났기 때문이었다. 남편은 그의 직장에서 매우 유능하고 훌륭했다. 그러나 남편의 성품은 그의 어머니에게 전적으로 영향을 받았다. 그의 어머니가 말하는 모든 것은 그에게 완벽하고 옳다고 이해되었다. 남편은 그의 어머니를 움직일 수 없는, 영원한 진리로 간주했다. 남편은 무엇을 하든지 그의 어머니를 상상했다. 그는 은혜롭고 자상했다. 그는 그가 가르치는 학생이 돈 때문에 학회에 참석하지 못한다는 것을 들었을 때, 그 학생을 참석시키기 위해서 자신의 계획을 취소하고 학생에게 도움을 주었다. 그는 다른 사람들의 요구들에 매우 민감했다. 남편은 다른 동료 교수들과 학생들과의 관계는 좋았다. 오직 가족의 관계만이 문제가 내포하고 있었다.

손녀는 자신의 어머니를 좋아하지 않는 초등학교 3학년 학생이었다. 집에 있을 때면 지루함을 느끼며 어머니에게 저항했다. 어머니를 존경하지 않고 수용하지 않았다. 예를 들면 손녀가 영어 작문에서 대통령상을 수상했을 때 수상식에 어머니와 함께 하기를 거부하고 사촌과 함께 참석했다. 손녀는 자신의 어머니에 대한 좋은 생각을 가지지 않았다.

아들이 이혼을 하게 된 주요한 이유는 손녀가 두 달 동안 한국을 방문했을 때 발생했다. 시어머니가 가끔 지하 며느리 방에서 잠을 자곤 했는데, 방에서 술병을 발견했다. 시어머니는 이것을 그의 아들에게 보여주고 며느리를 술주정뱅이로 간주했다. 며느리가 한국의 집으로 돌아왔을 때, 시어머니는 이혼 과정을 밟기 시작했다. 시어머니는 아들에게 이혼을 고려하지 않는다고 말했고 아들은 어머니의 말을 믿었다. 술에 관하여 며느리와 논쟁을 할 동안, 시어머니는 주먹으로 며느리를 치기 시작했지만 젊은 며느리는 자기를 방어하기 위하여 시어머니의 팔을 비틀었다. 시어머니는 후에 아들에게 말하기를 "네 아내가 나를 죽이려고 했다"고 말했다. 이 사건이 시어머니와 며느리 간에 갈등, 남편과 아내 사이의 갈등을 증폭시켰다. 그들은 돌아오지 못할 다리를 건넜다.

두 측은 이혼을 하기 위해 변호사를 선임했다. 그러나 남편은 변호사의 높은 비용을 감당하기 어려웠다. 남편은 아내와 이혼 후 자신의 명예와 부를 가지기 위해서 노력했지만 젊은 아내는 큰 위자료보다는 오히려 실추된 자신의 자존심과 멸시로부터 회복하기 위하여 끝까지 법정 투쟁을 진행했다. 그래서 두 사람의 이혼 상담은 실패하고 말았다. 남편은 그의 퇴직금과 가지고 있던 모든 재산을 이혼 소송에 거의 다 사용하고 남은 여생에 대한 경제적, 정신적, 그리고 자신의 직업적인 모든 명예가 산산 조각났다.

4) 요약

전통적인 한국 사회에서, 가족은 가족 구성원 각자에게 그들의 중요한 사회 정체성을 제공하는 기본적인 단위이다. 개인은 가족보다 하위에 두었고 그의 가족을 위하여 산다. 극단적인 사례에서, 개인은 그들의 가족을 위하여 스스로 희생한다. 전통 가족은 공동체의 목적을 위하여 일을 했고 개인 성품과 독특성을 무시하는 경향이 있었다. 이러한 전통적 한국 사회는 서구의 산업화와 정신적으로 서구의 종교, 즉 기독교의 영향으로 인하여 급격히 변해왔다. 이러한 변화의 소용돌이 가운데 가족의 삶은 영향을 받았다.

지난 50여 년의 과도기 동안, 한국 가족은 전통적 집단 중심의 의식으로부터 더 서구화된 개인중심의 의식을 향하여 나아갔다. 변화에 대한 주요한 영향은 개인의 능력과 독특성을 매우 중요하게 생각하는 미국 문화로부터 영향을 받았다. 그리하여 핵가족의 새로운 형태가 보편화되었다. 가족 구성원들은 전체 확대가족의 나머지 사람들과 상의하지 않고 일들을 결정하기 시작했다. 수입의 증가로 각자의 관삼과 특기를 활성화할 더 많은 자유를 가지고 가족 구성원에게 자신의 삶을 더 개성적이고 풍요롭게 살도록 했다.

이러한 환경에서 여성의 권익과 힘에 대하여 점점 더 많은 관심을 가졌다. 그래서 가족의 삶은 변하게 되었다. 이러한 변화에 대해 결혼한 젊은 여성들의 역할과 그들이 가진 위상이 과거 어느 때보다 영향력이 더 크게 드러났다. 또한 이러한 결과로 과거에는 순종으로 남편과 가족을 따랐던 여성들이 남편과 가족에게 갈등을 일으키는 현상이 나타났다. 새로운 분명한 영역들의 부족이 관계하는 모든 사람들에게 고통을 야기했다. 가족 주변으로 내몰린 시어머니와 전통적인 가부장적인 권위는 가족 안에서 젊은 여성들이 요구하는 자유와 평등이라는 가치에 의하여 갈등하게 된다.

4. 가족 갈등의 실체들

한국의 가족 변형은 경제적인 발전과 그로 인한 사회적 가치들이 변화해서 일어났다. 전통 가치에 근거를 둔 결혼은 선택의 대상이 아니라 거의 부모의 강제로 인하여 삶의 운명으로 간주되었다. 결혼은 한 인간이 살아가는 필수적인 단계로 여겨져 왔고 결혼한 사람과 결혼을 하지 않은 사람을 비교함으로써 결혼이란 인간이 되기 위한 단계로 간주되었다. 한국의 성 혁명이 1980년대 발생한 이후에 크리스천이 결혼을 해야 하는 이유에 대하여 의문을 가지게 되었다. 특히 한국 교회에서 가족 단위를 중요시한 크리스천 도덕적 가치가 젊은 사람의 성윤리에 의하여 1960년대의 크리스천보다 영향력이 줄어들었다. 세대차이라는 것이 부모의 마음을 아프게 했다.

가족 단위의 크리스천에 연루된 윤리적 가치들은 현대 가족을 편협하게 했다. 오늘날 작은 가족의 단위는 핵가족으로 알려졌는데 이 핵가족은 전형적인 서구가족의 형태이다. 조선시대 후기 시대인 1800년대에는 정체성이 개인의 단위로 보다는 오히려 더 큰 가족의 단위에 의해서 더 많은 영향을 받았다. 우리는 이것을 씨족 단위의 가문이라는 이름으로 개인을 한정했다. 한국의 근대화가 시작되기 이전에 가족과 개인의 정체성은 항상 같은 것으로 이해되었다. 이러한 한국 문화에 도전을 주고 새로운 충격을 준 개신교의 문화는 전통 가족 문화의 근간을 흔들었다.

초기 크리스천들에게 있어서 그리스도의 새 생명에 대한 헌신은 가족에 대하여 얼마나 헌신을 하였는가를 필수적으로 평가했다. 가족을 위하여 자신을 헌신하는 정도에 의해서 새 생명의 정도를 판단하는 기준으로 삼았다. 유대인들이 자신의 전통과 율법으로 자유를 누리는 것처럼 오늘날 크리스천들은 크리스천으로서 자기 가족에 무조건적 헌신의 정도에 따라 자유로울 수 있다.

이러한 관점에서 현대한국가족이 잉태하고 있는 갈등의 실체들을 이해하려고 한다. 결혼과 독신, 청년과 성, 그리고 독신 성인들의 성, 아버지와 관계, 이혼과 화해, 용서와 화해를 서술하려고 한다.

1) 결혼과 독신 성인의 성

신약에서 결혼이란 모든 사람들에게 추천할 수 있는 것으로 간주된다. 고린도전서 7장 2절에 보면 두 크리스천 사이에 결혼은 서로에게 영적인 안정을 주는 데 공헌을 해야 한다고 서술한다. 각각 크리스천들은 그리스도의 몸에도 속하고 크리스천 공동체의 다른 구성원들의 행복에 기여되기를 기대하는 것과 같이 결혼이란 서로 배우자에게 행복을 증진시키도록 의도된다. 남편과 아내의 성의 관계성은 매우 중요한데 이유는 교회와 각자의 일터에서 각각의 역할이 있기 때문이다. 달리 말하자면 크리스천들 사이의 좋은 결혼이란 긍정적으로 영적인 성장을 하는 데 도움을 줄 수 있다. 결혼을 잘하면 개인과 공동체에 지속적으로 도움을 줄 수 있다.

성경에 나타나는 결혼에 대한 생각들은 결혼의 실패가 비극이라는 것을 주장하는 신약시대의 성경은 따르지 않는다. 그러나 아브라함의 후손이라는 강점을 가진 것 때문에, 유다 전통에서 결혼은 대부분 크리스천에게 규범이었고 여성들은 자녀를 낳는 것이 당연한 것으로 기대되었다. 바울은 성경에서 결혼을 수용할 수 있는 것으로 할 수 없이 수용했다. 오늘과 다르게 바울은 독신의 삶을 지지했다. 왜냐하면 독신은 하나님에게 더 열심히 헌신할 수 있는 자유가 있기 때문이다.

그러나 후에 목회서신에서 보면 바울은 다른 상황에서 결혼에 관해 충고를 하였다. 과부를 위해 재혼을 금지하는 전통은 젊은 과부들이 그리스도에게 헌신을 더 강하게 하려는 것보다 자연적 욕망을 추구하지 않도록 충고했다. 우리가 여기서 중요하게 보아야 할 점은 크리스천의 신앙과 공동체에게 영향을 줄 수 있는 자연스러운 욕망을 나타내는 것이 어떻게 영향을 미칠 수 있는가이다. 자연스러운 인간의 감정을 억제하는 것이 신앙과 교회 공동체에 얼마나 건강할 수 있을까에 대하여 알아야 한다. 에베소서 3장 14절에 모든 가족들은 하나님의 긍휼로 창조되고 유지된다고 한다. 크리스천에게 하나님의 축복은 결혼과 가족의 생활로 경험될 수 있다. 모든 사람은 그리스도를 믿는 믿음으로 사는 사람이 성령의 선물로 향상된 경험을 사랑한다. 그러나 크리스천은 결혼이라는 관계에서 하나님의 은혜를 경험할 수 있기에 결혼은 크리스천 삶에 필수적이라고 하는 생각에 동의하지 않는다. 하나님의 은혜란 결혼을 통해서 단지 부분적으로 경험할 수 있지만 반드시 필요한 것이 아니라는 점이다.

결혼에 대한 문화가 바뀜에도 불구하고, 오늘날 많은 교회에서 신앙 생활하는 사람들은 결혼하지 않는 것이 정상이 아니라고 생각한다. 결혼하는 것이 결혼하지 않고 홀로 있는 독신보다 더 좋다고 이해한다. 결혼하는 것을 당연한 것으로 생각하지 않기 때문에 크리스천은 결혼해야 할 이유를 알아야 할 필요가 있다. 무조건적인 결혼은 또 다른 아픈 경험을 체험하게 된다.

유대－크리스천이 지키고 있는 결혼에 대한 생각들은 낭만적이기보다는 더 실제적이다. 창세기의 창조신화가 가장 명백하게 나타난다. 왜 하나님이 남성과 여성을 창조하셨는가? 하나님이 그들을 창조하셨기에 외롭지 않았다. 그들 남녀는 협력자가 될 수 있고 하나님이 만드신 세상을 돌볼 수 있었다. 그리하여 그들은 세상에 살 수 있었다(창 2:18~22). 이러한 결혼에 대한 사상은 에베소인의 가정 규율에도 나타난다. 그리스도 안에서 새로운 삶의 윤리로 채택되었다.

비록 개신교에서 결혼이 성례전의 하나에 속하지 않을지라도, 많은 개신교인들은 그들의 결혼을 성례전과 같이 이해한다. '그리스도 안에'라는 특별한 인식이 두 부부가 서로의 사랑으로 하나님의 신비스럽고 말로 표현할 수 없는 사랑에 더 가까워질 때 발생할 수 있다. 두 사람이 진실하고 순수한 사랑으로 하나님의 거룩한 사랑을 체험할 때 그리스도 안에서 느끼는 사랑을 이해할 수 있다는 설명이다. 육체적으로 하나 됨이 그리스도가 교회와 하나 됨의 상징들을 제공하기 때문에 결혼에서 성적인 연합은 하나님의 사랑 안에서 모든 소외를 더 잘 극복할 수 있다. 그리스도 안에서 서로를 사랑하는 것은 서로 안에서 그리스도를 사랑하는 것이다.[53] 그리스도의 사랑은 믿음 안에서 사랑하는 사람들의 사랑으로 경험할 수 있다. 인간의 사랑으로 하나님의 사랑을 반영할 수 있다는 점에서 하나님의 사랑을 알려면 인간의 순수한 사랑에서 경험할 수 있다.

결혼에서 성적인 연합은 그리스도의 몸에서 하나 됨을 나타내는 것으로 이해할 수 있다. 그러나 성령에 의한 하나 되는 경험은 결혼을 전제하지 않는다. 그리스도 안에서 하나 됨을 경험하는 것은 하나

---

53) Janet Fishburn, *Confronting the Idolatry of Family: A New Vision for the Household of God* (Nashville: Abingdon Press, 1991), 112.

님의 영원한 사랑이 죽음의 연합보다 더 강하다는 진리를 일시적으
로 보는 것이다.

> 타자가 놀라운 직접성과 개방성 안에서 우리에게 있기 때문에 애
> 정 있는 연합에서 존재들이 연합하는 것처럼 보인다. 이 순간은 영
> 원히 지속되지 않는다. 한 자기는 다른 자기가 자신의 자기로부터
> 거의 평범할 때 자기-노출과 관계의 이런 순간들을 회복하거나
> 명령할 수 없다.[54]

성령 안에서 새로운 친구가 된 모든 우정은 고독과 헤어짐을 극복
하는 사랑과 함께 한다. 이 사랑은 두려움과 고뇌를 물리치며 그리스
도 예수를 통하여 하나님 안에서 믿음을 근거한 사랑이다. 그리스도
안에서 새로운 삶을 산다는 것은 하나님의 집에서 서로 사랑하는 것
이다. 가족이란 바로 하나님의 집으로 거기서 새로움이라는 삶을 개
척하고 확장시키는 힘의 원동력을 제공하여야 한다.

집에서 크리스천의 삶이란 크리스천들이 서로 가지고 있는 사랑을
나타내기 바란다. 그러나 가족 관계는 모든 사랑의 표현과 매우 다르
다. 두 사람이 함께 살 때 두 사람은 다르다는 차이를 알게 된다. 각
각 서로는 옛 삶의 방식을 새로운 삶에 연합하려고 한다. 다른 사람
에게 있는 이상한 태도와 행위가 당황스럽게 되고 이해할 수 없으며
고통스러울 수 있다. 개인적으로 좋아하는 것, 싫어하는 것, 습관들,
행동들, 사고나 가치를 드러내는 방식들이 다를 수 있다. 비록 두 사
람이 결혼으로 함께 성장한다고 할지라도, 그들이 충분히 서로를 이
해할 시간이 없을 것이다.

---

54) Ronald Goetz, "Picturing a Vanishing," *The Christian Century* (April 18, 1990):395.

에베소서 5장 21절에서 33절에 보면 복종이라는 단어가 부부 간의 관계에서 나타난다. 그리스도 안에서 서로 복종하라는 것은 결혼하는 크리스천에게 좋은 충고이다. 오늘날 여성들의 억압에 대하여 초대 크리스천 작품들에서 가부장적인 태도들을 비난하는 여권주의자들은 남편과 아내에게 다른 교훈을 한다. 에베소에 있는 집안 규율에서 아내들은 그들의 남편에게 복종하라는 말을 들었다. 남편은 그들의 몸처럼 그들의 아내를 사랑하라고 충고받았다. 교훈은 그리스도에 대한 존경으로부터 서로에게 어떻게 복종하는가에 대한 실례이다.

여기서 우리가 알아야 할 중요한 점은 남편과 아내가 서로를 존경해야 한다. 왜냐하면 두 사람은 하나님 집의 구성원이기 때문이다. 이 사랑은 크리스천 사랑의 자기-희생이라는 특성에 대한 실례이다. 이 것은 그리스도 안에 새로운 삶을 사는 사람은 특별한 신분을 위하여 모든 우선권을 포기하는 것이다. 남편을 위한 아내의 복종은 여성들이 다른 가족 구성원들을 위한 개인적인 행복을 희생할 것을 예상하는 것을 의미하는 것이 아니다.

에베소서의 저자는 성적인 연합에 대한 신비한 성격을 매우 높이 생각한다. 크리스천은 그들의 공동체에 다른 구성원들이 행복을 추구하는 것처럼, 가족을 위한 규율은 크리스천의 책임감을 결혼을 통해 다른 사람의 행복을 추구하게 한다. 결국 가족의 가치와 전통에 의해서 만들어진 규율, 법도는 다른 가족들의 행복을 이루도록 도와주는 것이다.

결혼에서 신앙이란 검증되고 점점 더 심오해진다. 비록 하나님의 사랑에 대한 감사가 크리스천들 사이에 어떤 우정에서도 심오해질 수 있다고 할지라도, 결혼에서 부부는 오랫동안 상호 행복을 추구하도록 헌신하여야 한다. 이것은 한 순간에, 자동적으로 일어나는 것이 아니다. 결혼이란 부부가 크리스천들의 공동체에 참여하여 영적지도를 적극적으로 추구할 때 가장 잘 풍성할 수 있을 크리스천 영성을 나타내는 것으로 이해될 수 있다. 결혼은 두 부부가 적극적인 그들의 노력으로 인하여 그들이 느끼는 영성을 풍성히 누릴 수 있다.

전통적으로 사랑에 대한 부부들의 기대는 너무 높기에 그들의 기대를 채울 수 없어서 실망하여 사랑이 부서질 수 있다. 인간 성품에 관한 더 실제적인 성서적 이해는 개성들이 균형을 이룬 연합이 결혼이 아니라는 것을 알게 한다. 즉 결혼에 대한 환상은 두 사람이 만나면 자동적으로 두 사람의 성품이 균형 있게 이루어져 행복의 추구에 두 배가 될 것이라고 오해할 수 있다. 낭만적인 사랑에 젖어서 두 사람이 최면 상태에 머물러 있게 된다. 부부는 서로의 영성을 지속적으로 보완하고 지지하는 역할로 서로가 의존해야 한다. 그리하면서 서로 각자의 영성을 풍성하도록 해야 한다. 개별화와 참여로 영성의 풍성이 이루어질 수 있다.

2) 청년들, 성, 그리고 결혼

서로 다른 세대가 각각의 세대를 이해한다는 것은 쉬운 일이 아니다. 예를 들면 60년대의 시대 상황에서 90년대나 2000년대의 시대를 이해한다는 것은 많은 갈등을 유발할 수 있다. 많은 사람들은 자신의 아이가 그들에게 맞는 일자리를 추구하고 부모가 했던 것과 같이 고등학교나 대학을 나온 후 결혼하는 것을 기대한다. 하지만 이제는 이러한 흐름이 변했다.

요즘 일부 젊은 사람들이 자기만 알고 자기 가족에만 관심을 두는 이기적이고 게으르고 제멋대로라고 비평한다. 하지만 또 다른 사람들은 사회가 공장이라는 개념에서 서비스라는 문화로 전이되기 때문에 일에 대한 문화적 관점이 바뀌었다고 설명한다. 이제는 가족을 생각해서 일을 하거나 직장에서 봉사하는 것보다는 자기 스스로 만족하며 부에 대한 관심보다 자기만족, 자기 개발에 더 관심을 가진다.

젊은 청년을 둔 부모들이 25세에서 35세까지 부모가 기대하는 전혀 다른 삶을 살아가는 젊은 청년들에게 무엇을 해줄 수 있을까? 만약 아들과 딸이 결혼하지 않고 친구도 동거한다면 어떻게 충고해야 하는가? 이혼, 관계의 붕괴, 경제적 이유로 부모에게 찾아온 자녀들에게 부모는 짜증나고 고민이 되지만 자녀들을 모른다고 하지 않고 갈등을 품어야 한다.

부모들은 당당하게 고민을 한다. 개신교 전통에서 일과 결혼은 하나님을 향한 깊고 학습된 신앙을 나타내는 두 가지의 영역으로 생각되었다. 결혼이나 가족 삶에서 자기-성취라는 생각은 역시 일에서도 같이 생각된다. 일은 크리스천 삶에서 한 영역을 가지고 있지만 인간의 일은 개인적으로 이루어져야 하고 이루어질 것이라고 당연히 생각되지 않는다.

한국은 1960년대의 근대화 시작 시기에서 일이란 인간이 해야 할 기본이며 특히 교회에서는 축복의 상징으로 각인되었다. 70년대와 80, 90년대의 급격한 경제 성장은 크리스천에게 부는 하나님의 축복을 받은 증거요, 가난은 하나님의 축복과 반대의 개념으로 이해되었다.

일과 결혼이라는 관점에서 자신에게 적당한 배우자를 찾는 기회는 자신의 삶을 보상하는 기회로 받아들이지 않았다. 즉 이제 교회가 개인과 사회에 과도한 이기적 행태를 드러내기 때문에 많은 청년들은 교회에 반감을 느끼고 교회를 점점 멀리하게 되었다. 그래서 청년들은 그들의 부모세대가 당연히 생각했던 크리스천의 도덕과 가치에 대하여 달리 이해한다. 현대세대와 과거세대는 엄연히 다르다는 것이다. 우리는 이것을 다원주의라고 한다. 즉 다원주의란 다양한 문화를 인정하는 것에서 출발한다. 교회 안에서 다양한 생각을 할 수 있다는 사실을 당연하다고 받아들이지 못한다. 그러나 다원화된 삶과 가치관이 현재 존재함에도 불구하고 교회는 대책을 연구하기보다 눈을 감아버리는 잘못을 범한다. 교회는 신앙의 삶과 실제의 삶을 이분법적으로 구분하는 것이 영성이 풍성한 것으로 주장한다.

충동적 욕망으로 형성된 청년의 문화에서 그들은 인내에 충분히 적응하지 못한다. 매우 행운이 있는 청년들이 자신들에게 적합한 배우자를 만난다고 할지라도 실업 상태에서는 새로운 집안일을 만들어 가는 것이 쉽지 않다. 그래서 많은 사람은 일자리가 부족하고 경제력이 약하여 집 사는 걸 엄두도 못 낼 뿐만 아니라 대도시에는 이제 집을 임차하려 해도 임차비도 못 갚는 신용 불량자가 생겨나고 있다. 젊은 부부들은 집을 가지는 것이 꿈이지만 그 꿈은 점점 멀어져간다.

젊은 부부가 어려움을 경험하고 있는 또 다른 원인들 중의 하나는 전통적 결혼의 이상들을 대면하는 일이다. 오늘날 자신에게 합당한 사람을 선택하는 것이 가능하지 않다. 크리스천 중에서 옛날 세대가 추구하는 순수성으로 배우자를 선택할 때 남녀가 신비가운데 서로 선택할 뿐만 아니라 역할에 대해서도 역시 신비로워지기를 은근히 기대할 수 있다. 그중에 가장 잘 알려진 신비 가운데 남녀가 데이트하는 것이 자신에게 맞는 사람을 찾는 것으로 간주한다는 점이다. 이유는 결혼은 하늘에서 점지해 주었기 때문이었다. 이것은 결혼에 관하여 불가능한 기대를 만드는 낭만적인 사치이다. 모순적으로 부모들이 혼란스럽게 여기는 것은 자녀들이 자유롭게 만나서 서로가 데이트하는 것이 이제는 일반화되었다는 것이다.

행운과 낭만보다는 현실성을 추구하는 현대 크리스천은 일하고 살며 사랑할 배우자를 만나는 것이 하나님의 선물로 이해하여 실용적인 관점으로 결혼을 생각한다. 이러한 관점으로부터 보면 크리스천의 결혼은 우발적으로 사랑에 빠진 것이 아니었다. 덜 낭만적이고 더 현실적인 삶에 충실하고 구체적인 자기만족과 실현을 추구하는 이 시대의 청년들이 하는 질문은 "내가 사랑을 하는가?"가 아니라 "내가 사랑할 수 있을까?"이다. 현재 청년들의 관심은 미래의 가능성보다는 현재의 실현성에 더 크게 무게를 둔다.

3) 독신 성인들의 성

오늘 이 시대를 사는 많은 젊은이의 환경에서 그들이 결혼을 한다면 결혼 전에 성 경험을 한다는 점이다. 결혼할 대상이 있다면 88%가 성경험을 할 수 있다는 연구결과가 나왔다. 이 성경험은 과거보다 점점 더 높은 비율로 나타나고 있다. 이러한 상황에서 자녀는 할머니가 양육했으며 계속 부모와 관계를 맺고 있는 상황에서 우리는 어떻게 해야 할지 당황하게 된다.

특히 보통 사람들(믿는 사람이건 믿지 않는 사람이건)의 부모들은 너무 이른 성경험과 그 경험을 통해서 나타나는 불행을 방지하기 원하는 반면에, 성장한 자녀들의 사적인 생활을 통제할 방법이 거의 없다. 임신중절에 대한 정부의 강력한 제재는 부모의 도덕규범으로 자녀를 이해시키는 것보다 훨씬 더 효과적이다.

부모들은 결혼 전 정숙의 윤리를 삶에서 교육했다. 신약 성서에 있는 결혼에 관한 성적 관습을 평가방법으로 설명한다. 크리스천들이 물려받은 독특한 도덕규범을 오직 크리스천들에게만 적용되어야 할 행위로 받아들여져야만 한다고 생각하지 말아야 한다. 즉 모든 사람들에게 같이 적용되어야 한다는 점을 강조한다.

하지만 성서는 혼전 성관계를 상대적으로 언급하지 않았다. 간통에 반대하는 것은 가족이라는 단위를 보호하려는 것이고 이미 가정을 가지고 사는 사람들에게 적용되는 것이다. 유대 법에서 간통보다 약하게 생각하는 간음은 독신들에게 적용할 수 있다. 간음은 근친상간, 수간, 강간, 매춘, 그리고 동성애를 포함한다. 바울의 독신에 대한 권고는 제외하고, 신약성서에서 독신 생활은 대부분 사람들이 결혼하기를 기대하는 문화에서 나온 염려는 아니다. 그러나 간음은 결혼 밖에서 성적인 관계를 맺는 것이다.

그래서 바울은 결혼하는 것이 불태우는 것보다 더 낫다고 말할 때, 크리스천들에게 결혼은 선택이지 의무가 아니라는 선택의 문제로 바울은 보았다. 마태복음 5장 27~30절에서 질투에 대한 예수님의 책망은 특히 문자 그대로 성적인 에너지로 흥분하게 하는 현대 문화에서 살면서 성적으로 생각하는 십대들과 청년들에게 엄중하게 가르치는 것이다. 아마 그들은 성적인 욕망들로 그들의 에너지를 태울 수 있지만 결혼을 즐기는 것은 아닐 것이다.

결혼하지 않는 젊은 청년들에게 독신을 권면하는 가장 좋은 이유는 결혼이라는 계약의 성격은 협동하는 것인데 이것이 배우자가 서로 행복하도록 지지하는 크리스천의 통찰이다. 결혼하는 크리스천들은 크리스천 공동체가 그들의 생각을 지지할 것을 기대할 수 있어야 한다. 공동체가 존재하는 중요한 기능들 중의 하나는 그들로 하여금 헌신하도록 기억나게 하는 것이다. 이것은 공동체가 개인을 기억하며 그들의 가능성과 개별성을 드러낼 수 있도록 보호하고 용기를 주는 역할을 하는 것이다. 공동체는 늘 개인의 특성에 관심을 기울여야 한다.

결혼 예식은 이미 존재하는 관계를 인정하는 것이다. 예식의 성격은 배우자의 헌신을 공개적으로 하는 것이다. 이 공개성 밖에 있는 동거인들은 예식의 중요성과 역할을 이해하지 못한다. 만약 배우자의 차이점이 드러나서 갈등으로 발전된다면, 결혼하지 않는 가운데서 성적인 상태에는 동거를 더 취약하게 할 수 있다. 이렇게 될 때 외도는 자신들의 삶을 합리화하는 데 위험하다.

결혼 예식이 배우자 서로에게 진실성을 확신시켜 주지 못하게 된다면 외도는 지속적이게 된다. 그래서 오랫동안 배우자 서로는 신뢰하지 못하고 지지하기가 힘들며 존경하지 못한다. 이것은 결혼예식의 강력한 힘으로 배우자 상대를 협력의 대상으로 서로를 인정하게 한다.

성적인 욕망을 표현하는 것에 관하여 이것은 결혼하지 않는 청년들에게 무엇을 의미하는가? 남녀가 성적인 욕망을 드러낼 수 있도록 지속적으로 관계를 가지는 환경들이 있다. 그러나 그런 환경은 결혼하기에 편리한 것이 아니라고 발견된다. 이런 경우는 나이든 성인들에게 더 자주 발생한다. 가끔 젊은 배우자는 결혼을 하지 않거나 할 수 없는 경우가 있지만 오랫동안 안정된 관계를 가지고 있다. 결혼에 이를 수 없거나 이르지 않는 성관계에 연루된 것보다 성적인 욕망으로 불태우는 것이 더 좋은가(고전 7:8~10)?

예수님과 바울의 교훈에서 주님을 사랑하고 섬기기 위하여 그들이 자신들의 삶을 살아가는데 방해가 되는 성적인 욕망은 피해야 한다고 하신다. 결혼의 가능성이 매우 적은 미혼의 젊은이에게 이것은 무엇을 암시하는가? 젊은 청년들에게 결혼에 이를 수 없는 성적인 관계가 위험하지만 알고 과감히 행하는 것보다 성적인 욕망을 불태우는 것이 더 좋은가? 과부의 재혼에 관한 다른 설명을 신약 성서에서 언급하듯이 문제는 이 연합이 하나님께 신실함을 더할 수 있는가이다.

부부 사이가 아닌데 성적인 관계를 가지는 것을 절대적으로 금지하는 것은 어떤 근거에서 교회가 가르치는가? 성의 표현, 사람들이 성적인 욕망을 다시금 표현하려고 할 때 일어나는 것에 관한 신약 성서의 태도들은 현재 교회가 가르치는 것보다 더 실제적이고 자비로운 것 같다.

결혼 밖에서 성적인 관계에 관한 더 수용적인 태도들과 자유로운 사랑을 옹호하는 것 사이에는 차이가 있다. 성은 모든 사람에게 선하다는 것을 암시하지 않고 성의 대안적인 표현을 수용하는 것은 있을 수 있다. 크리스천들이 왜 결혼하는가와 신앙의 삶에서 결혼을 어떻게 선택하는지를 그들이 아는 것은 매우 유익하다. 그러나 우리가 조심스럽게 생각해야 할 점은 부모가 견지하는 윤리적 견해로 자녀들의 성적인 행동을 거부하여 부모 자신들이 가지고 있는 아픔을 완화할 수 있다. 이것은 부모가 자녀의 현실에 대한 실제적으로 이해하고 수용하지 않고 스스로 최면의 상태로 몰입하는 것이다.

크리스천 부모들은 자녀들 삶의 형태를 더 잘 알아야 한다. 자녀가 살고 있는 세상은 부모가 생각하지 못하고 경험하지 못한 친밀과 열정을 필요로 하는 환경에서 성적인 새로운 규범들에 직면하고 있다.

자녀들이 새로운 규범에 직면한 실체 가운데 양면의 상황을 경험하면서 새로운 결정을 한다. 즉 부모의 지지와 현실의 결정이라는 상황에서 갈등을 어떻게 해결해야 하는가에 대한 두려움이 존재한다. 주어진 현재 문화적 환경에서 젊은 성인들은 친밀과 우정의 요구를 만족시키는 다양한 방법을 찾고 있다. 어떤 이들은 대리 가족을 만든다. 어떤 사람들은 연인이 아닌 자와 더불어 산다. 어떤 사람은 친구의 연인과 산다. 이러한 삶 자체가 비난의 대상이 아니라 환경에 적응하려는 많은 방법 중에 하나임을 알아야 한다.

4) 사역으로서 어버이 관계

인간의 삶이란 과거를 보고 현자를 수정하는 힘을 가지지만 또한 미래를 상상하면서 현재의 꿈을 이루려고 노력한다. 이것은 인간이 시간적인 존재이고 시간의 전체를 조망하면서 삶을 영위한다는 의미이다. 이러한 관점에 의하면 가족 안에서 부모는 단순히 현재의 부모로서 만족하는 것이 아니라 미래의 부모상을 그리면서 순간순간에 자녀를 돌본다. 불행한 것은 미래의 부모상을 그리지 못하고, 현재의 부부상을 생각하지 못하는 사람은 현재의 삶에 눈에 보이지 않는 아픔의 압력을 받고 있다고 볼 수 있다. 나이 많은 세대가 가지고 있는 아픔 중에 하나는 부모 됨에 대한 선택이 없다는 것이다. 나이가 많은 세대들은 그들의 자녀들로 인하여 자신의 혈통을 이어갈 수 없다는 슬픈 사실이다.

한국의 문화, 특히 여성을 향한 문화는 매우 경직되었다. 여성을 위한 이해보다는 여성에 대한 임무에 더 많은 관심으로 기대한다. 여성이면서 어머니의 역할은 가정에서 세심하게 또한 가장 광범위하게 한 일을 수행하고 있다. 즉 자녀를 낳고, 기르며, 남편을 돌봐주어야 하고, 가정의 정서를 지도, 개선하는 일도 해야 한다. 더 나아가서 가족의 모든 일을 계획하고 수행해 가는 많은 일을 해야 하는 만능인으로 살아가야 한다. 이러한 태도와 관념은 가부장적인 문화로 인하여 많은 여성이 시간과 돈을 사용하면서 임신하려고 한다는 점이다. 여성은 곧 어머니의 역할에서 출발한다고 무의식적으로 주입되어 있다. 그러나 예수의 가르침에 따르면 가족의 존재 이유는 출산을 목적으로 하지 않는다는 점이다. 가장 예수를 잘 섬겼던 사람들을 보라. 그들은 성모 마리아, 마르다, 나사로이다.

과거에는 여성이 모성과 너무 강력하게 연결되어 출산은 여성에게 영적인 온전성을 이루는데 필수적인 것으로 보인다는 이원론적인 사고로 이해했다. 출산 통제가 가능하기 때문에, 모든 크리스천 부부들은 부모가 되어야 하는 것에 대해 질문하는 것이 거의 이상하지 않았다. 부모가 되는 것은 크리스천으로서 자신의 소명에 신실한 것이라고 한다. 이러한 소명은 어디에 근거를 두고 있는가?

보편적으로 크리스천은 부모가 되는 것을 하나님이 주신 소명으로 이해한다. 그 소명은 자녀를 양육하거나 독신으로 사는 것이 아니라고 믿고 있다. 전통적으로 부모가 된다는 것은 하나님이 주신 것이요, 그것은 인간 사회를 위하여 봉사하는 것으로 설명되고 있다. 여기서 중요한 점은 부모 됨이 하나님의 소명이라고 한다면 인간의 자유, 즉 선택하는 의지의 결단을 무시하는 문화는 결국 특정한 성과 부에 의해서 형성된 것으로 해석할 수 있다.

남자는 그의 가정을 위하여 경제적 지원을 기대하고 그 기대를 만족시키기 위해서 남자가 일터에 가서 일하는 것을 합당한 것으로 생각하며, 여자는 가정과 교회에서 봉사하는 일을 적격으로 간주하기 때문에 이러한 성별의 역할을 임의로 계속 제한한다. 이러한 불행한 이원론은 한국 가족의 반 이상 일하는 여성이 가족을 위하여 지지하는 삶을 영위하고 있음에도 불구하고 여성의 일과 남성의 일에 대한 차별적인 의미를 부여하여 그 결과는 남성의 존재와 여성의 존재를 차별하는 이념을 만들어간다.

많은 교인들은 여성에게 하나님이 준 역할이 우물을 보호하는 자로서 크리스천 가정에 있다고 지속적으로 느낀다. 부모 됨은 선택이 아닌 한, 현대 크리스천들은 여성의 일에 관하여 거의 묻지 않는다. 여성들이 어머니가 될 것이고 되어야 한다는 것은 더 이상의 의미는 아니다.

온전하고 건강한 어버이 상을 정착시키기 위한 가장 효과적인 방법은 남성과 여성에 대한 차별적인 이념과 행위들이 변화하지 않고는 가능하지 않다고 본다. 왜냐하면 이러한 왜곡된 성에 대한 이해가 가정과 어린 시절의 교육에서 시작하기 때문에 성 차별적인 이념이 반드시 바로 잡혀야만 건강한 부모의 상을 정착시킬 수 있다.

(1) 봉사자 사역으로서 부모 됨

모든 크리스천은 자신의 소명을 소유하고 있는데 자신의 소명을 잘 수행할 수 있는 방법이란 하나님께서 자신에게 주신 소명을 인식하고 구체적으로 봉사하라는 행위를 수행할 때 가능하다. 그런데 그 소명이 성별로 인하여 분류된 것은 없다. 하나님이 남녀의 성을 창조하신 근본 목적은 특별한 성을 중심으로 주어진 일을 수행하는 것이 아니라 남성과 여성이 기본적으로 하나님이 만든 세상에서 선을 위하여 공헌하고 두 성이 서로 협력하도록 노력하는 것이다. 이러한 맥락에서 크리스천을 향한 하나님의 소명은 두 가지 목적을 가지고 있다. 첫 번째로 모든 일은 세상의 행복을 위한 것이다. 세상이란 바로 두 성의 행복과 다른 피조물과 관계적 상호 돌봄을 위한 것이다. 두 번째로 이 세상에 있는 크리스천의 일은 바로 전도의 형태이다. 즉 전도란 두 성의 조화와 협력이 곧 하나님의 사랑 표현이라는 것을 근간으로 한다. 전도란 하나님 사랑의 구체적인 표현으로 이해한다면 두 성의 협력적인 사랑이 하나님께 전도하는 크리스천에게 효과적인 방법이다. 부모의 역할이란 신앙의 행동과 종의 사역 두 가지이다. 자녀를 향한 부모의 역할이란 부모로서 상호 존경과 하나님이 인간을 소중하게 여기는 것과 같은 유비적 관계를 이룰 때이다. 일방적인 사랑과 권위의 힘은 부모 됨의 모습을 하나님이 세상을 사랑하시는 애정으로 예수님을 보내주신 의미와 동일하게 받아들일 수 없다. 만약 하나님이 고통하실 수 없다면, 주 하나님이 어떤 다른 방법으로 변화되지 않는다면 하나님은 사랑하실 수 없다. 사랑한다는 것은 변화를 받는다는 것이다.[55] 성육신은 곧 하나님이 인간을 사랑하셔서 변화되셨다는 것이다. 부모가 자녀를 사랑하는 것은 부모가 자녀를 향하여 변화된 모습과 삶의 형태로 나타나는 것이다. 그렇지 않는다면 부모는 자녀를 사랑이라는 이름으로 학대하는 것이다. 이 역할이 곧 부모 됨의 구체적인 표현으로 알 수 있다. 그리고 종의 사역이란 자녀와 세상을 향한 삶의 태도이다. 자녀란 하나님의 사랑 표현인 예수님

---

55) C. Robert Mesle, *Process Theology : A Basic Introduction* (St. Louis: Chalice Press, 1993), 29.

과 유비적으로 보면 하나님이 예스님을 향한 사역이란 그의 인격을 존중, 역할을 인정, 그리고 정체성을 수용했다는 점으로 볼 수 있다. 이러한 맥락에서 자녀를 향한 부모 됨이란 자녀의 인격을 존중하고, 자녀가 가정에서 역할을 소중하게 받아들이며 자녀들의 삶을 발달적인 관점에서 그들의 정체성을 인정해 주어야 한다. 이것이 부모 됨의 구체적인 행위이다. 종의 사역이란 상하 관계의 사역이라기보다는 관계적인 사역으로 이해되어야 한다. 즉 부모 됨의 사역에서 종의 사역이란 자녀에 대한 인격적이고 공감적 관계를 추구하는 것으로 이해되어야 한다. 계급적인 관계로 종의 사역을 부모 됨으로 인정한다면 자녀를 향한 부모의 정체성 자체가 학대로 전락될 가능성, 창조성보다는 효율성으로 나아갈 가능성이 많아진다. 그래서 부모가 되는 것은 곧 예수님을 향한 하나님의 인격적인 대함과 같이 자녀를 향한 부모의 인격적인 대함으로 바로 잡아갈 수 있다.

부모 됨은 자녀들의 자유를 조장하고 더 확장시키는데 있어서 결정적인 것이다. 특히 그리스도 안에서 자유란 무비판적인 충성과 사회적 관습으로부터 나오는 이념들로부터 자유를 의미한다. 그리스도 안에서 자유란 한 인격과 능력을 자연스러우면서 최대한 확장시킬 수 있을 때 가능하다. 크리스천 남자의 자유란 하나님 안에서 자신이 부여 받은 고유한 인격과 자기만이 가지고 있는 잠재력을 가정과 그가 속해 있는 공동체에 공헌할 수 있는 것이다. 크리스천 남자는 직업적인 야망을 위해 노예가 되지 않도록 선택할 수 있어야 한다. 노예란 억압의 상태이다. 즉 자유스러운 크리스천 남자란 자신과 공동체, 그리고 하나님에게 자유할 수 있는 자이다. 그래서 선한 아버지가 되는 구체적인 방법은 얼마나 자신을 충분히 숙고하며 가족의 상황을 잘 이해하고 신앙의 관점에서 하나님이 자신을 향한 깨달음을 얼마나 숙지하고 있는가를 아는 것이다. 크리스천 여성으로 하나님에게 소명을 받은 최선의 일과 유일한 일은 아내와 어머니로서 일하는 것으로 의심하는 사람은 없다. 더 나아가서 여성으로서 역할을 아내와 어머니로 국한할 것이 아니라 자신이 속해 있는 공동체에 얼마나 많이 독특한 기여를 할 것인가 노력하는 것이다.

선한 결혼은 개인적 변화와 두 배우자의 희생을 요구하는 것과 같이 결혼 후 부모가 되어서도 변화와 희생이 따른다. 부부는 제삼자의 개입으로 말미암아 사생활이 축소되고 매일 생활 습관이 변하는 것을 알 수 있을 것이다. 부부가 새로운 아이를 양육할 동안 새로운 관계를 만든다. 그 과정에서 부부는 개인적인 야망이나 일, 혹은 자유 시간을 포기해야 할 필요성을 발견한다. 부모가 되는 것은 개인적인 자신의 구체적인 계획이 제한을 받을 수 있다. 이러한 관점에서 부모가 되는 것은 자신의 절제가 요구되며 이것이 단순한 자신의 능력을 감소시키는 것이 아니라 새로운 창조를 위한 도약의 단계로 받아들여야 한다.

다원화된 세상은 크리스천에게 가족을 책임지는 것과 관계를 세울 수 있는 태도를 요구한다. 크리스천 삶들에 요구되는 것 중의 하나는 협력인데, 이것은 교인 가운데 한 사람으로서 부모는 다른 교인의 일을 지지하고 고무시키는 것을 발견할 수 있어야 한다는 것을 의미한다. 협력이라는 의미는 상호 능력을 발현하도록 고무시키는 것이다. 예를 들면 어렵지만 어린 아기, 아이, 혹은 10대를 향한 책임성 있는 보살핌과 걱정은 사랑의 노동이다. 이들을 향한 보살핌은 보살피는 과정으로 통하여 자신을 성숙시킬 수 있고 보살핌을 받는 자는 자신

의 묻힌 능력을 드러낼 수 있는 용기를 취할 수 있다. 이러한 사랑의
노력이 종종 허사가 될 수 있다. 문제는 서로가 성장해 간다는 것이
협력의 중요한 면이다. 주는 자와 받는 자가 일방적인 취함이 아니라
서로가 취한다는 의미이다.

5) 이혼과 화해

오늘날 이혼은 너무도 보편화되어서 삶의 보편적 부분으로 생각하
거나 일부 부부는 심지어 이렇게까지 한다. 오직 사랑이 계속되는 한
결혼에 헌신한다. 거의 모든 확대 가족은 이혼이라는 사건이 지난 10
년 동안 너무 많이 증가하였으므로 애통해 하고 있다. 교회에서 이혼
에 대한 태도는 새로운 환경에 적응하는 것으로 이해해야 한다. 이혼
은 아픔으로 고통의 과정이 아니라 새로운 환경을 창조하고 행복을
추구하는 치유의 과정으로 이해해야 한다. 예를 들면 미국 장로교가
지난 30년 전에는 남녀 목사들 중에 이혼을 한 경험이 있는 목사는
결혼예식을 주관하지 못하도록 했다. 이유는 이 정책이 성서적이라고
생각했다. 한국 일부교단에서는 이혼한 사람은 일정한 시간 후에 신
학대학원에 입학할 수 있는 규정을 만들었다.

이혼에 대한 절대적인 금지가 보편화되지 않았지만 성서적 근거로
일부 교회나 교단은 이혼을 금하고 있다. 이혼을 경험한 크리스천들
은 인생의 한 부분에서 자기들을 실패한 자로 생각한다. 이혼자들은
교회에서는 죄책감을 가지기 때문에 적극적으로 활동하지 않는다. 일
부 사람들은 이혼자로서 교회에 갔을 때 교회에서 환영을 받지 못하
기 때문에 수치감을 가진다. 그들은 하나님이 자신을 수용할 수 없는

존재로 볼 뿐 만 아니라 교인들까지도 받아들 수 없는 존재로 본다고 느낀다. 그래서 교회는 치유를 베풀어야 함에도 불구하고 상처를 입히는 존재로 전락하고 있다.

이혼은 비극이다. 이혼을 삶의 끝으로 본다. 이유는 지금까지 함께해 온 것에서 소외감을 느끼기 때문이다. 결혼처럼 이혼은 이혼한 부부를 아는 모든 사람들의 삶들에 영향을 주는 공개적인 수준이다. 친구들이나 가족이 이혼했을 경우 보편적으로 다른 사람들로부터 위협감을 느낀다는 것이다. 이혼이 너무 보편적이라는 것은 또한 결혼이 평생 지속되지 않을 수도 있을 것이라는 믿음을 가질 수 있다. 이혼이 결혼에 대한 불신을 예상하는 것으로 이해할 수 있다. 친구나 가족은 가장 힘들고 어려운 시간에 처한 이혼한 사람들에게 용기를 주어야 함에도 불구하고 그러한 시간을 피하려고 한다. 이혼이란 당사자가 경험하는 아픔의 시간일 뿐만 아니라 그들과 관계하는 사람들과 연결성을 끊어버리게 하는 기제로의 역할을 한다.

이혼에 관한 예수님의 숙고를 설명한 마태의 생각과 유대 율법은 이혼의 영적인 수준을 매우 중요하다고 암시한다. 이혼한 사람은 이혼으로 말미암아 자신들이 이혼 전에 가졌던 희망과 꿈이 이루어지지 못했다는 관점에서 희망과 꿈의 끝이라고 생각한다. 그러나 이혼 그 자체는 갈등과 문제를 해결하고 자신이 이루려고 소망하고 꿈꾸던 것을 향하여 나아가려는 도약의 단계로 본다면 더 높은 자기성취의 결단으로 보아야 한다. 이혼은 삶의 끝이라고 느낄 수 있다. 이유는 두 사람이 만들었던 연합이 해체되었기 때문이다. 자기의 한 부분이 상실되었다는 것이다. 일부 사람들은 이혼 후에 자기－존중을 절대로 회복하지 못한다. 나머지 다른 사람들은 신뢰하기가 어려워진다. 이유는 친밀이 배신했기 때문이다. 믿었고 사랑했으며 모든 것을 주었다고 생각했던 사람이 이제는 반대편에 서 있기 때문이다.

이혼은 생각하지 못했던 방법들로 정신에 상처를 준다. 어떤 시간에 상처를 주는가? 그 시간은 용서를 받을 때나 용서를 하는 것을 알 필요가 있을 때 상처를 받는다. 일부 교인들에게 중요한 것은 두 사람 사이에 이혼을 고백이라는 예식을 통해서 인식하게 하는 것이다. 이러한 예식의 의도는 배우자와 회중들의 한 부분이 실패한 것을 고백하여 치유가 일어날 수 있게 한다. 그러나 이것은 좋은 생각인 것 같지만 부부나 회중들에 대한 이혼의 중요성을 경솔하게 할 수 있다.

두 크리스천이 더 이상 결혼생활을 하지 않는다고 서로 동의할 때 진정한 비극은 회개되어야 한다. 만약 두 사람이 목사나 상담자를 통해서 자신들의 차이점을 화해한다면 이혼해서 남남이 되어 사는 것보다 더 낫다고 결정할 수 있다. 견루된 죄란 이혼하기로 결정하지 못한 것이다; 인간 혼에 장애를 입히게 하는 하나님, 자기 그리고 타인들로부터 소외의 경험이다.

결혼의 밀물과 썰물은 상호 관심과 존경이 다른 사랑과 관심으로 당겨져 있는 시기에 속해 있다. 간통이란 진정한 애정의 대상이 아닌 대상에 정열을 바치는 행위나, 생각이라고 할 수 있다. 예를 들면 일중독, 종교중독, 성중독, 식탐, 등등이다. 크리스천 결혼에서 용서의 중요성은 불신앙에 대한 유혹들이 너무 일반화될 때 거의 지나치게 과대평가될 수 없다.

목사들은 과도한 일과 간통의 유혹에 매우 유약하다. 미국의 실례에서 릴리 엔다우먼트(Lilly Endoument)는 성직자 4명 중 1명이 그들의 교인과 어떤 형태로든 성적인 접촉을 했고 10명 중 1명이 교인들과 성적인 교제를 나누었다고 보고했다.[56] 이것에 의하면 성직자의 간통과 이혼의 범주가 꽤나 넓어서 결혼에서 불신앙은 또한 일반화되어 가고 있다.

목회자들이 그들의 교인들 중에 어떤 사람과 연루된 것을 알려질 때 혹은 목회자가 이혼을 했을 때, 일반 교인들이 이혼해서 나타나는 후유증보다 훨씬 더 큰 후폭풍이 발생한다. 만약 목사가 그의 교인에게 성적인 접촉을 했다면 이것을 전문가적인 윤리로 보면 성 학대로 판단할 수 있다. 이것에 의하면 목사들의 영적인 상태에 따라서 교인들이 돌봄을 받고 인도를 받기 때문에 훨씬 더 큰 문제를 일으킨다.

6) 용서와 화해

결혼의 과정에서 배우자들은 많은 위기를 맞이한다. 그 위기는 결혼 당사자뿐만 아니라 모든 가족 구성원들에게 두려움과 불안으로 가족 모두를 낭떠러지로 몰아간다. 특히 이러한 두려움과 불안은 결혼 과정에서 상호 존중이 파괴되고 용서가 힘들어질 때가 온다. 용서라는 심정도 크리스천들이 서로 사랑하는 한 부분이다. 용서라는 것은 피해자가 가해자의 용서 받을 일을 용서하는 것이 아니다. 즉 힘이 있는 가해자가 힘이 없는 피해자에게 용서를 요구하는 것이 일반적인 용서의 개념이다.

최근 시드니와 수잔 사이몬(Sydney and Suzanne Simon)이 전개한 용서에 대한 이론을 소개하려고 한다. 다음에 설명은 용서가 아닌 것을

---

56) Lilly Endoument, "Clergy and Sexuality," *The Christian Century* (March 7. 1990)

나열한다.[57]

- 용서는 잊는 것이 아니다.
- 용서는 죄를 눈 감아 주는 것이 아니다.
- 용서는 상처를 준 사람이 자신의 행동에 대해서 져야 할 책임을 완전히 면제해 주는 것이 아니다.
- 용서는 자기희생이 아니고 우리 자신의 진정한 감정을 감추고 순교자처럼 행동하는 것이 아니다.

용서란 명쾌하고 일회적인 결정이 아니다. 그러면 용서란 무엇인가?

- 용서는 발견, 즉 진행되는 치료 과정의 부산물이다.
- 용서는 적극적인 자긍심의 표현이다.
- 용서는 내가 받은 아픔을 그대로 받기를 원하는 것이 아니라고 인정하는 것이다.
- 용서는 가해자에게 베풀어야 할 에너지를 사용하는 것이다.

이것을 보면서 용서란 인과응보의 산물로 보는 것이 아니라 좀 더 적극이고 순수한 자신을 드러내는 것이면서도 선을 향한 노력의 결과로 보는 것이다. 이러한 용서의 관점에서 화해란 가장 이성적이면서 객관성을 가지고 시작할 때 가능할 수 있다고 본다. 용서의 관점으로 볼 때 화해란 평등의 개념으로 서로가 인정하는 것이다. 한쪽에 편입하여 몰입하는 면이 아니라 상생하는 개념으로 이해되어야 한다. 사실에 기초하여 해결할 때 화해는 시작된다.

이혼이란 경험하기에는 무시무시한 사실이고 이혼에 관련된 사람들의 아이들에게 주는 무시무시한 것이다.[58] 이혼은 이혼의 과정에

---

57) Sidney B. Simon and Suzanne Simon, *Forgiveness: How to Make Peace with Your Past and Get on With Your Life* (New York: Warner Books, 1990), 15-20

서 아이들을 건져주지 못한다.[59] 결혼이 이혼으로 마지막을 맺는다면 당사자 모두는 자기-존중의 상실로 가슴 아파한다. 자녀들이 개입되었다면 부모들은 가족을 지키지 못했다는 무능력에 대한 죄책감을 경험한다. 그러나 치유의 첫 단계는 결혼 계약에 대하여 신실하지 못함에 대한 인정이다. 가족을 지키지 못했다는 실패를 고백하는 행위는 하나님 용서의 은혜로 치유되었다는 것을 행동으로 나타나는 것이다. 실패를 용서하는 문화는 남을 탓하면서 비난하는 문화보다는 화해가 훨씬 더 쉽다.

깨진 관계는 항상 신앙에 문제가 있다. 신앙의 문제는 항상 분명하지 않지만, 이혼한 사람들은 그들 자신에게 믿음을 상실한다. 한 사람이나 두 사람이 용서를 못할 경우, 하나님, 자기, 그리고 이웃을 신뢰할 능력이 점점 감소된다.

목사에게 실망했을 경우에도 이런 일이 발생한다. 목사가 교회 일을 판단하는 데 있어서 신뢰가 없을 때 교인들을 치유하는 기회를 놓치게 된다. 만약 목사가 지도하는 사람이 제기하는 문제를 무시한다면, 교인들은 연루된 영적인 문제를 다루지 못한다. 이러한 것들은 새로운 목사를 믿지 못하고 교인들 상호 간의 불신을 키우게 된다. 결국 목사와 교인 간의 신뢰가 무너지면 목사의 지도력에 공황이 생기며 교인들의 신앙에 회의를 불러일으키게 된다.

교인들은 교회가 신앙이 회복될 수 있는 장소이기에 이혼자들이 교회로부터 도움을 받을 수 있는 곳으로 알려지고 실제로 도움을 주

---

58) Frank S. Pittman III, *Turning Points: Treating Families in Transition and Crisis* (New York: W. W. Norton & Company, 1987), 129-131

59) Ibid.

도록 노력해야 한다. 즉 교인들의 아픔과 상처를 치유하는 곳이 교회라는 인식이 모든 사람들에게 알려져야 한다. 어떤 사건이나 사람들, 혹은 공동체로부터 상처를 입은 사람들을 치유하는 것은 다시 신뢰하기를 배우는 과정이다. 이것은 자기와 타인을 존경하는 것을 배우는 과정이다. 그리스도 안에 새로운 생명이 있다는 것을 믿도록 배우는 것이다. 화해라는 의식은 존경을 회복하지 않지만 회개하고 믿는 사람들을 위한 새 생명이 시작하는 것을 나타낸다.

이혼하는 성인은 다시금 독신으로 돌아간다. 그들은 과부나 홀아비로부터 달리 대우를 받는다. 그리그 어떤 방법으로든 그들이 다르고 외롭다. 과부가 되든가, 이혼을 하든 일정한 슬픔의 시간이 있다. 그리고 죄책감도 든다. 독신이나 다시 독신이 된 사람은 동료가 상실되었을 때 인생이 파편화된다는 사실을 충분히 이해하지 못하는 것 같다. 교인들은 독신이거나 특히 독신이 된 부모들에게 다양한 경험을 한 사람들을 아는 것이 필요하지만 그것을 아는 것은 어려운 일이다.[60]

이상적인 가족에 대한 신비는 모든 가족들이 어느 정도 교회로부터 영적인 지지가 필요하다는 점이 분명하지 않다. 교회 모든 교인들 중에 일부는 가족의 삶이 악몽과 같다는 것을 잘 알지 못한다. 가족해체와 학대하는 가족관계는 일반적으로 많은 가족에게 해당되는 것이다. 문제는 목사가 이상적 가족을 계속 주장한다면, 즉 완벽주의에 고착된다면 가족해체와 가족 안에서 학대에 대한 관심은 없을 것이다.[61]

---

60) Richard P. Olson & Joe H. Leonard Jr, *Ministry with Families in Flus: The Church and Changing Patterns of Life* (Louisville: Westminster/John Krox, 1990), 41-45.

61) Marie Marshall Fortune, *Sexual Violence: The Unmentionable Sin* (New York: Pilgrim Press, 1983), 125-127.

5. 성서적 입장에서 가족 이해

성서를 문자적으로 이해하는 사람은 현 시대에 있는 가족에 대한 해석을 이러한 연장선 선상에 이어가려고 한다. 성서에서 말하는 권위와 현 시대에서 말하는 권위를 같은 것으로 오해할 가능성이 있다. 성서에는 많은 사건을 나타내지만 특히 가족의 아픔을 솔직하게 보여 줌으로써 가족에 대하여 지금 세대가 어떻게 이해하고 적용해야 하는가를 보여준다고 할 수 있다. 성서는 근친상간, 간음, 그리고 족장 시대에서 결혼 갈등에 대한 다양한 종류의 사건을 솔직하게 드러낸다.[62] 성서가 가르치는 가족을 현대인이 처한 상황에서 어떻게 해석, 적용해야 하는가는 가족에 대하여 맹목적이고 신비적 관점으로 접근하는 것에서 탈피할 수 있다고 본다. 가족의 실체를 올바로 보지 못하면 가족 공동체가 개인에게 부과하는 힘의 불균형은 곧 가족이 개인에게 학대의 형태로 다가올 수 있다. 성서는 오늘날 우리의 가족과 나에게 어떤 메시지를 부과하고 있는가?

성서가 가족에 대하여 설명할 때 현대인이 이해하는 가족과는 매우 다른 입장을 나타낸다. 성서가 계속 요구하는 중요한 점은 궁극성에 대한 질문이다. 하나님이 인간 삶을 궁극적 실체로 설명하기 때문에 가족과의 관계를 매우 어렵게 이해하게 한다. 구약의 출애굽기에서 "너는 나 외에는 다른 신들을 네게 있게 말찌니라"라고 우상숭배를 강력하게 배척한다. 우상은 모든 악의 기초로 이해하는 것이라면 가족을 섬기는 것도 우상숭배로 생각할 수 있기 때문에 가족을 소중

---

62) John Patton, *Pastoral Care in Context: An Introduction to Pastoral Care* (Louisville: Westminster/ John Knox Press, 1993), 188.

이 여기지 말아야 한다는 의심을 들게 할 수 있다. 공관복음에도 가족에 대하여 예수님이 관심을 가지시면서 이혼을 금한 것보다 가족을 희생시키면서 종교적 소명에 몰두하기를 설명한다.

> 예수께서 무리에게 말씀하실 때 그 모친과 동생들이 예수께 말하려고 밖에 섰더니 한 사람이 예수께 여짜오되 보소서 당신의 모친과 동생들이 당신께 말하려고 밖에 서 있나이다 하니 말하던 사람에게 대답하여 가라사대 누가 내 모친이며 내 동생이냐 하시고 손을 내밀어 제자들에게 가리켜 가라사대 나의 동생들을 보라 누구든지 하늘에 계신 내 아버지의 뜻대로 하는 자가 내 형제요 자매요 모친이라 하시더라(마 12:46~50).

예수님이 가족에 대하여 이해하시는 것은 일반적인 가족의 개념과 사뭇 다르다. 가족에 대하여 구체적이고 가까우며 동거하는 구성원을 가족으로 이해하는 것이 일반적인 견해라면 예수님의 가족이해는 형이상학적인 이해로 다가온다. 이러한 하나님의 본래 뜻을 이용하여 가족이 신비스럽고 역기능적인 역할에 대해 비약으로 신성시하는 잘못을 계속 범할 수 있다.

1) 가족과 교회에 대한 성서적 입장

한국 사람으로서 꿈을 나타내기 위하여 유대-기독교인이 사용하는 상징과 가치를 사용하여 기독교가 성경을 사용하고 이해하는 방법에 계속 영향을 주었다. 서구 교회의 가족에 대한 꿈을 교회가 주장하는 성경의 언어로 고대의 세계관을 한국 가족과 교회에 적용하여 어려움을 만들고 있다. 한국교회의 꿈을 성취하는 데 한국의 고유한 관점으로 적용하지 못하고 토양과 기후, 즉 환경이 다른 곳에서 생긴 것으로 접목하려고 한다는 점이다. 그중에 하나는 많은 교회가 생각하는 부분들은 미국 개신교에 영향을 미친 19세기 영국 빅토리아시대의 도덕적, 사회적, 그리고 지적 가치의 서열이다. 이것들이 지금도 한국교회에 영향을 미치고 있다.

역사학자 윌리엄 맥로우린(William McLoughlin)은 호레스 부쉬넬(Horace Bushnell)의 사상을 전형적인 19세기 "낭만적 복음주의"로 설명한다. 그는 성경의 낭만적인 생각이 더 많은 고등 비평을 합리화하기 위해 편리한 방법으로 증명된 시나 문학으로 간주했다고 지적한다. 역사학자 윌리암 맥로이힌(William McLoughlin)에 의하면 부쉬넬(Bushenell)이 유대－기독교인들이 사용하는 상징들과 가치들을 받아들인 것은 직관적인 진리의 이해, 기독론 중심의 신학의 믿음을 포함했다는 것이다. 그리고 여성들, 아이들, 그리고 부모의 감상적인 이상화를 가장 강력한 은혜의 구체적 표현으로 간주했다는 점이다.63) 이점은 가족과 교회에 대한 이성적인 판단과 냉정한 평가에 의한 실행을 하는 것이 아니라 감상적인 면에 지나친 이해로 균형 감각을 상실했다고 해석될 수 있다. 문제는 성서적인 관점에서 가족이나 교회가 진정으로 이해된 것이 아니라 한 특정한 시대의 사조에 의해서 평가되었다는 점이다. 즉 19세기의 빅토리아 시대의 낭만적이고 감상적인 관점으로 해석되었다는 오류이다.

크리스천들은 가족을 설명하는 저자들이 신약성서가 언급하는 신앙공동체에 관해 거의 설명하지 않고 있다는 것이다. 만약 이런 작가

---

63) William G. McLoughlin, *The American Evangelicals, 1800-1900* (New York: Harper & Row, 1968), part two.

들이 성서적으로 보수적인 전통을 고수하는 사람이라면 성서가 말하는 이상이 아니라 그들의 전통의 관점에서 가족, 결혼, 그리고 성을 보수적 전통에 입각한 이상들을 가지도록 고무하고 동기화했다.[64] 이렇게 되면 성서가 전하려는 교훈들이 가족의 삶과 고대와 현대 종교 실행사이에 근본적인 차이점을 분간할 수 없게 된다.

다른 한편 가족 삶이나 성 윤리들을 서술한 자유주의자들은 "가족의 이상"이 오늘 기독교인들에게 실용적이지 않다는 것이다. 자유주의자들이 그렇게 이해하는 이유는 성서가 고대 다양한 문화에서 저술되었기 때문이다. 한 실례로 성서시대에 남성과 여성 역할에 관심을 가지는 성서학자들은 초대 교회의 사랑이라는 개념이 그 당시에 너무도 혁명적이기 때문에 로마 제국에서 사회질서에 위협하는 것으로 간주되었다고 지적했다.[65]

그래서 모든 성서 해석들은 해석자, 해석자의 비평, 그리고 본문의 상황들, 시대들, 그리고 장소들에 따라서 상대적이다. 모든 기독교 역사의 시기에 교회는 좋아하는 본문들과 인기 있는 해석들을 취한다. 그럼에도 불구하고 신약성서에서 무엇이 가족에 관한 생각들에게 영향을 미치는가를 물어볼 수 있다.

신약 성서는 가족 삶에 관하여 무엇이라고 말하는가? 복음서는 유대 전통의 입장에서 예수의 생애, 죽음, 그리고 부활의 이야기들을 말한다. 각각 복음서 저자들은 첫 세기에 믿음에 머무르라고 고무했지만 그 방법은 약간씩 달랐다. 이것은 다른 독특한 환경에 의해 이러

---

64) Charles M. Sell, *The Enrichment of Family Life Through the Church* (Grand Rapids: Zondervan, 1981), 71.

65) Elisabeth Schussler Fiorenza, *In Memory of Her* (New York: Crossroad, 1984), 5장.

한 이야기들이 쓰였다.

대부분 목회 서신을 보면 보통 교우들에게 쓰여 진 것이 아니라 특별한 교우들에게 저술되었다. 복음서에서 예수님은 하나님에게 충성하는 것이 그 가족이나 다른 사람에게 충성하는 것보다 더 우위에 두었다. 이상한 것은 예수님이 자신의 가족에 대하여 거의 언급하시지 않았다. 목회 서신에는 가족 규율로 알려진 짧은 문구들에서 가족 삶에 대하여 더 직접적으로 주의를 했다. 여기에 비슷한 구절은 고린도전서 3장 17절~4장 1절, 에베소서 5장 22절~6장 9절에 남성들과 여성들, 부모와 자녀, 주인과 종들에게 가르침이 있다. 이 말씀은 계급적인 질서를 세우기 위하여 이용되는 말씀으로 "가족의 이상"이라는 이념에 적용되곤 한다. 가족은 이러한 질서가 있어야 함을 전제로 한다.

가족 규율이란 말에 대하여 가족이란 단순히 개인을 가족 구성원으로 이해되는 것이 아니라 이 가족 구성원이 교회에 영향을 미친다는 의미에서 가족을 의미한다. 그래서 교인들 구성원 사이의 관계를 기독교인의 주요한 가족으로 생각한다. 에베소서 저자는 그들의 가족 삶을 분별한 빛의 자녀로 교인들의 정체성을 기대하고 가족 구성원으로 책임을 바란다. 여기서 중요한 점은 가족이 되는 중요한 요소들은 가족에 대한 정체성이 분명해야 하고 그 정체성에 따르는 책임을 분명하게 한다.

에베소 저자는 그리스도인의 삶이란 하나님과 이웃에게 봉사하는 것으로 요약한다. 그리스도 안에서 새로운 삶이란 그리스도가 우리를 사랑하시고 우리를 위하여 자신을 포기하신 것처럼, 향기를 베풀고 하나님에게 희생하는 믿는 자들이 사랑 안에서 살도록 요구한다.

여기서 말하는 기독교인들의 삶이란 자신 안에 갇힌 삶이 아니라 자신과 상대방에게 영향을 미치는 존저로서 기독교인을 이해한다. 크리스천의 정체성을 이해한다면 개방된 마음으로 준비되는 것이다. 자신과 타인의 강점과 약점을 수용할 수 있는 자가 크리스천의 삶을 영위할 수 있다.

그렇다면 신약 성경 저자들에 의하면, 그리스도인 신앙의 가시적인 표시는 살아가는 것으로 나타난다. 즉 삶의 현장성이다. 사변적이고 추상성에 머무는 것이 아니라 구체적인 삶에서 신앙이 드러난다. 유대와 희랍 전통 모두에서, 징벌과 교화는 모든 학습 과정의 부분이었다. 영적훈련의 형태들을 단체로 공동체 헌신을 강화할 의도로 정의되었듯이, 모든 사랑하는 관계들은 훈련, 교화, 회개, 그리고 용서를 포함한다.

교회가 모든 그리스도인에게 가르치는 삶의 중심은 성령의 힘으로 살아온 삶에 증인으로서 매일 삶을 수행하는 것이다. 그리스도인들이 그리스도인의 사랑법을 어디에서 실현시키든지 그들은 세상에서 예수의 영의 임재를 증거한다. 이것은 집에서의 삶도 포함한다.

성서에 의하면 가족과 교회는 교리나 사상에 고정되어 상황을 무시하여 사람들을 억누르는 기관이 아니라 개인과 하나님을 향한 역동적인 성령의 힘으로 상황에 적응하되 사랑 가운데 살아 있는 증인의 삶, 영향을 미치는 삶, 변화를 주장하면서 새로운 변형을 창조하는 삶이다. 이렇게 할 때 가족과 교회의 우상이 깨어지고 성령의 새로운 역사를 경험할 수 있다.

초기 그리스도인에게 교회란 문자 그대로 하나님의 가족이었다. 그 가족은 식구를 포함한다. 그렇지만 가족이 단지 식구의 단위를 모은 것이 아니다. 하나님의 가족으로 교회란 이스라엘 종교에 매우 중요하게 생각했던 확대가족과 같은 형태였다.

유대전통에서 하나님의 축복이란 안정되고 번창한 가족 삶과 강하게 연관되었다. 새로운 그리스도인의 전통에서, 하나님의 축복은 교인의 구성원들과 연관되었다. 가족을 통해서라기보다는 교회를 통해서 그리스도 안에서 새 생명의 행복은 예수 그리스도 안에서 결합하여 형제와 자매가 된 사람들 가운데 경험되었다.

예수님이 사랑의 율법을 가르침으로 유대인의 윤리적 가르침을 부활시켰다. 이스라엘 민족의 역사를 통해서 두 개의 약간 다른 종교전통이 나타났다. 첫째로 모세의 전통인데 하나님 사람의 행복은 율법의 계약을 지키는 것과 관련이 있다. 하나님을 잘 믿어서 축복받는다는 믿음은 사람들로 하여금 그들 마음에 새겨진 율법을 기억나게 하는 예레미야처럼 선지자들에 의해서 주기적으로 각성하게 되는 것이다. 예수는 이러한 율법적인 종교 실천에 도전을 주며 그를 따르는 자들에게 마음에 쓰인 율법을 알게 해주었다. 예수님은 가족, 결혼, 그리고 이혼에 관하여 질문을 받으면 하나님과 이웃에 대한 사랑에 우선권을 주었다.

예수님이 인간에게 주신 중요한 메시지는 외형적이고 가변적인 것에 사랑을 두는 것보다는 외형적인 것을 변화시키는 내면적인 것에 관심을 두었다고 이해할 수 있다. 이유는 예수님의 고민은 제도나 기관에 있었던 것보다는 제도나 기관을 본래적으로 되게 할 수 있는 동력, 즉 사랑이란 근원에 초점을 둔 것이라고 볼 수 있다. 즉 사랑을 할 수 있게 하는 마음에 더 생각하였다고 이해할 수 있다. 그러나 제도의 개혁에 대한 관심 역시 매우 컸다.

신약 신학에서 예수님의 주요한 주제는 이러한 두 당들, 즉 유대인과 이방인으로부터 나오는 사람을 위한 교회가 의미하는 문제가 무엇이냐 하는 것이다. 에베소서에서 언급된 이방인들은 세상의 방법들로부터 개종한 자로 설명된다. 유대 크리스천과 비교된 이방인들은 전에 세상에서 소망과 하나님 없이 살았던 것으로 비쳐졌다. 이미 그리스도 안에서 영원한 생명의 약속과 소망이 유대인 전통에 근거하여 세상에 사는 크리스천에게 더 우선적인 삶의 의미에 대한 믿음을 불러일으켰다. 결국 그리스도 안에서 크리스천의 삶이란 이 세상에서 무엇이 더 중요한 삶인가에 대한 결단을 요구하는 연속적인 도전으로 볼 수 있다. 교회에 관한 신약 성서의 논쟁은 예수님의 급박한 돌아오심 혹은 시대의 종말이란 기대로 영향을 받는다. 시간이 지남으로 희망이 가물거릴 때 후세대를 향하여 미래에 더 관심을 가진다. 일부 학자들이 말하기를 교회가 종말론에 관심을 가지기 때문에, 현대 문제들과 연관된 교회의 사회 윤리적 문제들에 거의 논의되지 않았다고 한다.

일부 학자들은 복음서와 서신서가 박해를 통해 거의 죽음에 가까운 믿음의 사람들에게 신앙에 충실하기를 고무시켰다고 한다. 이것은 그들에게 종말이 임박했다는 관심을 가지게 했다. 한 세대에서 다음 세대로 전환하면서 신앙을 표시하는 서례, 할례 등에 관한 질문이 크리스천 구성원으로서 필수적으로 요구하는 여건을 토론했다.

신약 성서에 상당히 중요한 것은 세상에 관한 인간의 본성과 하나님의 관계를 이원론적인 관점으로 계속 추구하는 경향이 있었다. 예수님 가르침의 정도를 가지고 애를 쓴 저자들은 가족과 크리스천 공동체 안에서 남성과 여성의 역할을 행하는 데 도전을 주었다. 특히 바울 계열의 글이 가장 다양하게 쓰인 서신이라는 것이 명백하다.

초기 크리스천 시대에서는 남성과 여성의 합당한 역할에 관한 태도는 인간의 몸에 관해 이방과 유대인 태도에서 매우 다르게 복잡해졌다. 유대 전통과 달리 일부 이방 크리스천은 육체가 인간 정신에 필수적인 것으로 생각하지 않았다. 이들은 육체를 영적으로 대하는 경향이 있었고 몸을 열등하고 정신으로부터 분리할 수 있는 것으로 다루었다. 그래서 서서히 육체와 정신을 분리하기 시작했고 차별화하는 이념이 시작되었다.

2) 하나님의 가족으로서 교회

인간의 기본적인 갈망은 다른 사람에 의해 자신을 받아들여지기를 바란다. 즉 현대 그리스도인은 그들이 있는 그대로 사랑 받고 인정되는 가족을 갈망한다. 목사들이 항상 교인들에게 그리스도 안에서 형제와 자매라는 관계를 자주 언급하는 것은 이런 것에서 보면 좋은 이유이다. 그러나 가족이 자신을 위로해 줄 것이라고 신뢰했던 사람은 가족으로부터 실망하여 아픔을 당할 수 있다는 것을 안다. 또한 많은 사람들은 독신으로서 가족을 떠나 외로움을 느끼면서 쓸쓸하게 아픔을 인식한다. 주어진 이러한 상황을 감안해서 바울은 에베소서를 통하여 사람들에게 호소할 수 있다.

성서는 원래 독자들과 현대 독자들이 문화로 인해 영향을 받는다는 것을 기억하는 사람들을 위해 시간과 장소의 독특성들을 초월하여 신앙을 인도할 수 있다. 파커 팔머(Parker Palmer)는 말씀이 우리가 세상을 비추는 거울과 같다고 암시한다. 신앙에서, 비록 우리가 아는 진리가 현재 특별한 교인, 문화의 진리로 인정된다고 하더라도, 우리는 크리스천 공동체로서 우리 자신을 판단한다.[66] 결국 우리가 진리라고 믿는 것은 항상 해석한 배경에 의해서 해석된다. 그리고 그러한 진리가 유용한 것이 된다.

에베소서의 예를 들면 그 지역 사람들이 하나님의 사람에 관해 호소한 것은 가정적인 상상력과 친근한 언어 사용에 있다. 에베소인에게 연설한 사람들은 종교적인 사람들인데 이들은 어떤 하나님을 섬기기를 원했고 하나님이나 어떤 신들로부터 축복의 확신과 행복한 삶의 확신을 추구했다. 그리스도와 하나님의 왕국으로 새로 태어난다는 경험은 종교적 사람, 선한 사람, 그리고 도덕적인 사람이 되는데 어떤 중요한 노력을 해야 하는가에 대해 질문을 받는다. 반대로 그들은 자신들의 옛 종교적인 방법이 살아계신 하나님 안에서 신앙을 해치는 것이라고 훈계를 들었다.

에베소서는 현재 이용할 수 있는 하나님의 사랑을 다른 방법으로 찾으려고 하는 것에 대하여 경고하는 서신이다. 그리스도인이 된 이방인들은 이교들도이 사용하는 방법으로 하나님의 신비를 조사하도록 유혹되었다. 그들은 선과 악의 힘 사이에 우주적 전쟁의 궁극적 결과에 관하여 지식을 약속한 점성학, 그들 시대의 과학적 지식에 말려들었다.

하나님 신비의 지식을 통하여 영적인 힘을 가지기를 원하는 고대의 갈망은 뉴 에이지(New Age) 종교, 재 성육에 대한 믿음, 죽은 자로부터 돌아오는 사람들에 관한 이야기들로 유혹된 현대 크리스천과 같다. 악과 죽음의 힘은 일부 새로운 지식에 의해 극복될 수 있다는

---

66) Parker J. Palmer, *To Know As We Are Known* (San Francisco: Harper & Row, 1988).

것을 생각하도록 유혹한다.

성서 저자들은 고대 독자들에게 오직 그들이 이용할 수 있는 하나님의 약속과 지식을 믿을 필요가 있다는 것을 확신시켜준다. 이유는 그들이 성령의 인치심을 받았는데 성령은 그의 영광의 찬송을 위하여 그리스도 안에서 하나님 자신의 백성으로 구원을 향하고 그들의 생명의 유업을 보장하기 때문이다. 옛날 삶의 방식을 추구하는 대신에, 그들이 하나님을 기쁘게 하는 종류의 삶을 보기 위하여 예수 그리스도를 보도록 인도된다. 예수 안에 있는 진리로 무장된 누구도 특별한 지식이 필요할 것이다. 이유는 그리스도 안에서 세상을 위한 하나님의 계획은 이미 드러났기 때문이다. 즉 예수를 믿는 사람들의 고백과 의무는 성령이 자신의 모든 삶과 자연 전체 안에서 일하시는 것을 인식하고 있다고 하는 것이다.

세례를 할 때 사용하는 언어는 "말씀의 물로 씻어서" 그리스도를 통하여 하나님에 의해 새롭게 된 사람으로서 믿는 자들을 설명하기 위하여 사용된다. 새롭게 된 하나님의 사람들은 그리스도의 희생으로 이미 거룩하게 된 사람들이다. 하나님은 크리스천 공동체가 결혼식 때에 신부가 아름다운 것만큼 아름답기를 원했다. 신부의 과거 죄는 씻겨진다. 신부는 새로운 가족과 더불어 새로운 삶의 문턱에 서 있다. 미래라는 신비스러운 지식의 장소에서, 성서 저자는 그리스도의 충만한 모습에 이르기까지 성장하는 현재 신비에 참여하도록 초청한다.

계속 성령 안에서 삶이란 매우 구체적이고 세속적인 용어로 설명된다. 성령의 능력이 영혼을 하늘나라까지 올리거나 그들의 문화의 도덕적 가치를 믿는 자들이 순응하게 할 것이라는 징후도 없다. 신앙이 세대로 이어진다는 것으로 생각하는 사람들을 향한 신학은 없다.

매우 대조적으로, 옛 사람과 새 사람, 분노의 자녀들과 빛의 자녀들 사이의 모든 대조들은 믿는 자들이 예수 그리스도 안에서 새롭게 창조되었다는 것을 지적한다. 그들의 이전 역사는 크리스천 공동체에 쓸모 있게 변형하는 성령의 능력과 비교하면 거의 하잘 것 없다. 하나님이 주신 영적인 힘이 없다면, 그들은 그들을 향한 하나님의 사랑의 높이, 넓이, 그리고 깊이를 깨닫지 못한다.

(1) 새 생명과 새 가치들

에베소서 첫 3장은 하나님의 은혜의 축복으로 쓸모 있는 영적인 부요함이 넘치는 독특한 설명이 있다. 확실한 점은 하나님의 축복은 신실한 봉사에 대한 물질적인 보답은 아니다. 천국이라고 일컬어진 신비로운 장소에서 미래 보상과는 연관이 없다. 에베소서는 공허한 생각과 빈말을 하지 않도록 쓰인 편지이다.

서술된 진리란 소유될 수 없는 일종의 지식이다. 예수 안에서 진리란 하나님에게 신실해지는 것이 무엇을 의미하가를 신뢰하는 사람들이 배울 때 알려진다. 하나님의 세상에서 악의 힘은 아직도 완전히 극복되지 않았다. 그리스도에 의한 세례는 처음으로 가족을 통하여 하나님이 사람들을 얼마나 사랑하는가를 배우게 한다. 하나님 가족 구성원들의 도덕적, 사회적 그리고 지적인 가치가 율법 안에 암시될 수 없다. 오히려 새로운 생명이란 의미는 신앙과 하나님의 아들을 아는 지식의 일관성을 성취할 때 파악된다.

에베소서 저자는 구애와 결혼의 언어를 사용하여 교회와 연합하는 그리스도의 열정과 신비를 전달한다.[67] 그러나 그리스도와 충분히 연합한다고 하더라도 믿는 자의 삶에서 옛것과 새것 사이에는 반드시 일상의 갈등이 있을 것이라고 생각한다. 비록 신랑이 신부에 의해서 깨끗해진다고 할지라도, 신부는 새로운 실체가 되었다는 믿음으로 살아간다는 것을 확신하기 힘들다. 그리스도 안에서 사고와 삶의 옛 방식은 새 생명을 약속하는 것에 대하여 의문을 가진다.

과거 삶으로부터 영향들은 새로운 삶에 지속적으로 영향을 미친다. 그래서 유혹으로부터 보호하기 위해서 하나님의 전신 갑주를 입어야 한다고 에베소서 저자는 경고를 한다. 만약 공동체가 서로 관계에서 그리스도의 사랑을 구현한다면 그들은 세상에서 악의 힘에 저항할 수 있다. 그들의 문화를 변형시킬 어떤 것도 없다. 이것은 이 세상의 힘들과 주권들의 가치들과 윤리들에 순응되는 것에 대항하는 경고이다.

에베소서는 특별한 공동체를 위하여 쓰인 글이 아닌 것으로 본다. 이것은 세상에 있는 그리스도인에게 복음의 소식을 방어하기 위하여 용기를 가지라는 일반적인 보고서와 같다. 그들은 살면서 복음 선포를 기대한다. 가족관계는 일편단심으로 이룬 일로 생각하며 주님을 위하는 것처럼 다른 사람에게 압력을 가하거나 개인적인 이득을 위한 것이 아니라고 생각해야 한다. 매일 삶에 대하여 일상적인 사건에 충성하는 것은 믿음의 방패, 평화의 복음, 구원의 투구, 그리고 성령의 검으로 무장한 사람들에게 가능하다. 에베소서 저자는 그리스도인 공동체와 가족 가운데 서로에게 신실한 봉사를 간주하는 믿는 자에게 가르치고 용기를 준다. 하나님의 가족 안에서 삶의 질은 사람들이 진리의 지식에 대한 세상에 복음전도의 간절한 한 형태이다. 하나님의 사랑을 받은 사람은 공허한 말씀과 거짓된 종교가 제공한 영적인

---

67) Ibid., 270.

힘에 관한 착각을 통해 불신앙으로 추락하는 것에 대해 간절히 경고한다.

(2) 영적인 힘에 관한 착각으로부터 자유

신약 성서에서 말하는 교회는 이스라엘 안에 있는 하나님의 백성과 더불어 연속성과 비연속성이 있다. 교회에서 새 생명은 예수 안에서 그리고 예수를 통하여 하나님의 계시가 드러나고 알려진다는 것을 믿는 모든 사람에게 제공된다고 주장되었다. 이 주장이 너무 강해서 회중 안에 있는 신학적인 불일치를 극복할 수 있다. 이 의견이 너무 강하여 그들 자신과 하나님의 세상에서 그들의 장소에 관한 환상으로부터 하나님의 사랑을 아는 사람을 자유하게 할 수 있다.

전형적인 개신교의 믿음은 그리스도인의 가정이 작은 교회가 될 수 있고 되어야만 한다는 것이다. 이러한 믿음은 그리스도의 사랑의 힘이 하나님의 가정에 참여함으로써 알려진다는 성서적인 기대를 뒤집는 것이다. 아름다운 삶, 하나님 축복의 평화와 행복은 하나님과 언약의 관계를 통해 공동체에 주어지는 것이다. 하나님의 축복은 그리스도인의 가족 관계에서 경험될 수 있다. 그러나 그리스도인의 가정은 축복의 원천은 아니다.

세상에 있는 하나님의 백성을 위하여 하나님은 하나님에 관한 생각을 성경과 성찬을 통해서 드러나는 곳마다 예수 그리스도를 통하여 새 생명을 계속 창조하신다. 하나님은 교회를 통해서 새 생명을 창조하시는데 그 교회에서 서로가 하나님의 구체적인 사랑의 모습을 알게 하고 구체화하는 곳이다.

가족과 교회가 근본적으로 다른 점은 하나님이 가족에 참여함으로 변화하는 잠재력에 있다. 모든 가족은 독특한 사회가 추구하는 가치들에 순응하도록 사회화한다. 만약 가족이 예수 그리스도 안에서 가족의 신앙을 나타낸다면, 교회라는 가족 구성원의 삶에서 부모는 세상의 가치를 자녀에게 전달해 간다.

하나님의 가정에서 식구는 예수를 주로 고백하면서 보통 신앙을 기대한다. 가족 안에서 식구들은 보통 생물학적인 친족을 거의 예측한다. 사회적 실체로 보면 크리스천 가정은 가장 정확하게 일컬을 수 있다. 가족은 크리스천 삶에 필수적이지 않다. 사람들은 그들이 크리스천 가정에서 태어나거나 그렇지 않거나 간에 크리스천의 회중들에 참여함으로써 크리스천이 된다. 교회는 크리스천 삶의 필수적일 뿐이다.

기독교인은 성적인 실행과 가족구조에서 변화에 잘 대응하지 않는 신학적인 다원주의의 바다에서 떠돌고 있다. 빅토리아 시대의 보수적인 윤리를 지키는 것도 아니고 새로운 현실에 적응하여 자신의 도덕을 변화시켜가면서 적응하려고 하는 것이 아니다. 세상 안에 있는 그리스도의 몸으로서, 교회 안에 있는 각 세대들은 하나님과 이웃의 사랑 안에서 살아가는 것이 무엇을 의미하는가를 새롭게 하도록 배울 수 있는 잠재력이 있다. 각각 세대들은 오는 시대에 대한 창조력과 적응력을 가능하게 하는 하나님의 사랑과 은혜를 매 순간 각성하는 것이 또 다른 하나의 책무이다.

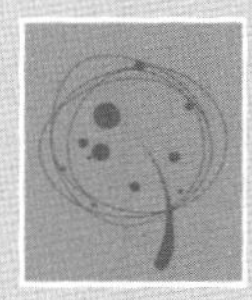

제2장

❊ ❊ ❊ ❊ ❊ ❊

1. 서론

어려운 사회 문제를 해결하려면 먼저 더 많은 분석과 이해가 필요
하다. 고통당하는 사람을 돕기 위하여 목회상담이 실제적인 계획을
목적으로 할 때, 그 목회상담의 계획이 매우 단순해야 되지만 연관된
문제에 대하여 장기적인 성격을 띤 것이거나 이해가 지나치게 쉽게
되어서는 안 된다. 사랑과 힘의 관계를 더 정확하게 신학적이고 심리
학적으로 숙고하지 않으면 지금 있는 태도, 행동, 그리고 사고는 왜곡
되거나 더 복잡한 결과를 초래할 수 있다.

6장은 이 세상에서 사랑과 권위의 힘들이 어떻게 상호작용하며 모
든 인간 삶이 거룩하게 창조된 개인과 세상 사이에서 관계를 이해하
는데 어떻게 추구할 수 있는지를 폴 틸리히(Paul Tillich)의 신학방법으
로 분석하고 서술하려고 한다. 개별화와 참여란 두 개의 원리에 기반
을 둔 폴 틸리히(Paul Tillich)의 통찰력은 한국 가족들 가운데 여성들

이 경험하는 갈등을 이해하는 데 중요한 실마리를 제공한다. 폴 틸리히(Paul Tillich)의 이론적 개념의 알맞은 방법은 한국 가족이 품고 있는 문제를 해결하는 데 도움이 될 수 있다. 폴 틸리히(Paul Tillich)의 방법론은 가족들의 인간성, 유일성, 그리고 개인의 독창성을 무시하지 않는 공동체와 사회적 참여를 소중하게 여기는 알맞은 개별화의 균형을 통해 그들 공동체 의식을 회복하도록 돕는다. 이와 같이 폴 틸리히(Paul Tillich)는 가족의 갈등을 다루기 위한 목회상담의 노력에 중요한 신학적 이해를 제공한다.

6장이 20세기 중요한 한 신학자의 통찰력을 나타내는 것처럼, 7장은 20세기 심리학자인 알프레드 애들러(Alfred Adler)의 관점을 나타낸다. 알프레드 애들러(Alfred Adler)는 이론가이면서 심리치료학파의 설립자이다. 알프레드 애들러(Alfred Adler)의 체계는 개인 심리학을 다른 개인들과 일반적인 공동체와 더불어 관계의 틀 안에서 우월을 추구했다. 알프레드 애들러(Alfred Adler)는 장애를 극복하고 사람을 불행하게 하며 역기능적으로 만드는 한계를 초월하게 할 개인적인 "힘의 의지"를 확대하여 사용했다. 이와 같이 알프레드 애들러(Alfred Adler)의 심리적 분석은 갈등가운데 있는 한국 가족의 문제를 해결하는 데 도움이 되는 근간을 제공하며 목회 작업을 수행하는데 틀을 마련해 준다.

2. 신학적 견해: 폴 틸리히(Paul Tillich)의 힘, 사랑, 그리고 관계성

폴 틸리히 연구의 중요한 목적은 세속문화를 의식하고 그것에 머물고 있으면서 또한 종교적으로 의심하는 현대인들에게 기독교를 이해할 수 있고 설득해 가려고 하는 것이다.[68] 그의 신학은 현대 문화와 역사적 기독교를 조정하는데 믿음은 현대문화를 수용할 필요가 있으며 현대문화는 믿음을 수용해야 한다는 것을 보여주려고 했다. 모든 그의 연구들은 문화에서 신학의 과제들을 추구하는 것이었다.[69]

틸리히의 *Systematic Theology*는 대화에서 질문하고 답변하는 것 사이에, 혹은 예술 작품에서 형식과 내용 사이의 관계에 종교와 문화 사이의 비슷한 상관을 나타내서 조정하는 일을 맡았다. 둘 사이의 상호 관계성은 가능하다. 이유는 "종교의 형태가 문화이고 문화의 실체가 종교이다"라는 구체적 실체에서 종교와 문화는 항상 전체의 한 부분이기 때문이다. 틸리히는 인간 삶을 형성하고 문화를 초월하는 궁극적 목적을 추구하는 문화 위에 신학을 기반으로 한다.[70] 우리가 볼 것이지만, (a) 궁극적 관심으로서 종교와 (b) 인간 삶을 형성하는 문화 사이의 이 상관이 가족 안에서 일어나는 가족의 갈등을 해결하는 데 큰 단서를 제공한다.

이러한 폴 틸리히(Paul Tillich) 신학의 암시들에서 사랑과 힘, 그리고 개인과 세상을 구체적으로 설명하려고 한다.

---

68) David H. Kelsey, "Paul Tillich," in *Modern Theologians: An Introduction to Christian Theology in the Twentieth Century*, vol. 1, ed. David F. Ford (Cambridge: Blackwell, 1989), 134.

69) Paul Tillich, *Systematic Theology*, vol. 1 (Chicago: University of Chicago Press, 1951), 38–40.

70) Paul Tillich, "The Method of Correlation," ibid., 59–64.

1) 사랑과 힘

틸리히는 사랑, 힘, 그리고 정의를 하나님과 관련해서 규정을 짓는
다.71) 사랑은 다른 사람을 감동시키고 변형을 갈망하는 감정을 가진
단순한 인간 정감이 아니다. "기본적으로 만약 사랑이 감정으로 이해
된다면 힘과 정의에 대해 개별적 뿐만 아니라 사회적으로 사랑이 연
관된 성에 관한 모든 문제가 해결할 수 없어진다."72) 더욱더 나쁜 것
은, 감정이며 정감인 사랑이 힘의 구조를 변화시킬 수 없다. 틸리히는
말하기를,

> 사랑은 실체에서 존재이고 사랑은 생명을 움직이는 힘이다. 이 두
> 문장들에서, 사랑이 존재론적인 본질로 표현된다. 그들이 말하기를
> 존재란 있는 모든 다른 것을 향하여 존재하는 모든 것을 수행하는
> 사랑 없는 실제의 것은 아니다.73)

잘 이해된 사랑은 실제적인 삶을 변화시키기 위한 근본적인 요소
이다. 사랑은 인간의 소망들과 목적들을 현실화하는 힘을 가지고 있
다. 사랑은 인생에서 자기-완성의 가능성을 부여한다. 이와 같이 사
랑은 구체적인 실체이지 추상적인 이론이 아니다. 사랑은 존재를 위
한 필요한 요소이고 살기 위한 기본적인 힘이다.

---

71) Paul Tillich, "God as the Source of Love, Power, and Justice," *Love, Power, and Justice* (New York: Oxford University Press, 1954), 109-115.

72) Ibid., 24.

73) Ibid., 25.

(1) 사랑은 분리를 결합한다

사랑은 무엇을 하는가? 우선 "사랑이란 분리된 자의 연합을 향한 추진력이다."[74] 사랑은 함께 하지만 분리된 것들의 연합을 향하여 일한다.

> 재결합은 기본적으로 함께 있는 것의 분리를 예견한다. 그러나 그것은 같은 존재론적인 궁극성을 재결합과 같이 분리를 일으키게 하는 것이 잘못된 것일 것이다. 왜냐하면 분리는 원초적인 통일을 예견한다. 기본적으로 분리된 것을 연합한다는 것은 불가능하다. 궁극적인 소속감 없이 하나가 다른 것과 어떤 결합도 생각할 수 없다.[75]

사랑의 목적은 분리된 것을 다시 결합하는 것이고 분리를 끝내는 것이다. 분리란 관계의 통일성이 파괴되는 것이고 가까움과 친밀함으로부터 고립을 의미한다. 사람들의 본성과 환경이 사람들을 그들 자신들과 그들의 공동체로부터 분리할 때 사랑은 낙담한 마음에 관계한다. 사랑은 분리와 고립에서 새로운 하나 됨을 향하여 일한다. "그러므로" 틸리히의 말에서,

> 사랑은 기묘한 결합으로서 설명될 수 없지만 소외의 재결합으로 설명될 수 있다. 소외란 최초의 하나 됨을 예견한다. 사랑은 사랑이 최대의 분리를 극복하는 가장 위대한 힘을 나타낸다. 그리고 가장 큰 분리는 자기로부터의 자기 분리이다.[76]

사랑의 거대한 목적은 모든 종류의 불일치와 단절을 무력하게 하는 것이다. 사랑은 개인들 사이에 가장 강력한 불일치를 정복하는 강

---

74) Ibid.
75) Ibid.
76) Ibid.

력한 능력이다……. "사랑은 자기중심적이고 자기만의 것을 재결합한
다. 가장 본래적으로 분리된 존재들, 즉 자기만의 사람들을 결합할 수
있는 것이 바로 사랑의 성취이고 승리이다."77) 사랑은 자기중심적이
고 자기만의 분리된 개인을 결합할 수 있다. 사랑은 가장 근본적으로
분리된 실체들을 통합할 수 있다.

　사랑의 궁극적인 목적은 상하고 고립된 마음들을 궁극적인 행복으
로 결합해야 한다. 틸리히는 사랑의 감정적인 요소를 설명했다:

> 감정으로서 사랑은 모든 사랑－관계에서 발생하는 재결합의 기대
> 라고 말할 수 있다. 모든 감정처럼, 사랑이란 감정적인 상태에 있
> 는 전체적인 존재가 참여하는 표현이다. 사랑 가운데 있을 때 재결
> 합을 위한 욕망의 성취가 기대되고 이러한 재결합의 행복은 창작
> 력에서 경험할 수 있다. 사랑에서 감정적인 요소는 존재론적으로
> 다른 것들 보다 앞서 가지 않지만 존재론적으로 다른 사람을 위해
> 정착된 운동이 감정적인 방법들로 그것 자체를 표현한다는 것을
> 의미한다.78)

　사랑은 감정적인 방법으로 사람의 마음을 나타낼 수 있다. 재결합
을 위한 욕망을 이루기 위하여, 감정이 사랑을 가속화시킨다. 감정은
사랑의 또 다른 한 면이다. 감정은 사랑을 끝낼 출발점일 수 있다. 틸
리히는 "열정"으로서 사랑을 언급하면서 사랑은 "수동적인 요소…….
재결합을 향한 휘둘린 상태"를 취한다는 것을 의미한다.79)

　모든 욕망들이 개인들 사이에 분리를 치유하기 위하여 역할 한다
고 설명했다. "인간은 그가 속해 있고 그가 떨어져 있는 그것과 그 자

---

77) Ibid., 26.

78) Ibid., 26-27

79) Ibid., 27.

신을 재결합하기를 노력한다. 그리고 이것은 인간을 위해서뿐만 아니라 모든 생물체들에 대해서 진리이다.”[80] 사랑의 모든 행동은 사랑을 거부하는 그것의 거절을 포함하지만 그러나 거절의 행동은 거절을 위한 것이 아니라 오직 사랑만이 일으킬 수 있는 더 높은 재결합의 목적을 위한 거절의 행동이다.[81] 이 목적을 얻기 위하여 사람은 부서지고 분리된 것을 온전하고 건전한 실체로 변형할 방법들을 추구한다. 아가페는 그러한 변형을 야기하는 데 성공할 수 있는 일종의 사랑이다. 틸리히는 설명하기를 아가페 사랑은

> 사랑의 깊이와 삶의 근간에 관한 사랑이었다고 했다. 궁극적 실체
> 는 그것 자체를 드러내며 삶과 사랑을 변형한다. 아가페는 계시가
> 이성을 줄이는 이성인 것과 하나님의 말씀이 모든 이야기들을 줄
> 이는 말씀인 것처럼, 사랑을 줄이는 사랑이다.[82]

그래서 아가페는 활력, 힘 그리고 재원을 가져오는 삶의 기본적인 요소이다. 아가페를 통하여, 사람은 자신이 누구인가를 알고 어떤 사람이 되어야겠다는 것도 배운다. 아가페는 삶의 전체와 삶의 목적을 포함한다. 이와 같이 이러한 삶에서 사랑은 사람들의 다양성에서 전체 통일을 위한 중요한 열쇠이다.

이러한 종류의 아가페는 갈등의 삶을 행복하고 자비로운 삶으로부터 가족의 갈등, 예를 들면 시어머니와 며느리의 관계를 변화시킬 수 있다. 시어머니와 며느리가 가족에서 주도권을 가지려고 서로에게 갈

---

80) Ibid., 29.

81) Jack Boozer, “Tillich and the New Religious Movemerts,” in *The Thought of Paul Tillich*, ed. James L. Adams (New York: Harper, 1984), 235

82) Tillich, *Love, Power, and Justice*, 33

등을 조장할 때, 그들은 행복한 가족 분위기로부터 분리된다. 그들은 사랑이 가족을 조화롭고 행복한 삶으로 다시 살도록 만들 힘을 가지고 있다는 것을 알기 때문에 재결합될 수 있다. 사랑을 통하여 그들은 가족 안에서 경쟁적이 아니라 협동적인 관계가 될 수 있다는 것을 깨달을 수 있다. 사랑은 삶의 주요한 열쇠이고 사랑은 그들을 재결합시키는 일을 한다. 좋은 관계란 삶의 실체에서 출발한다. 사랑은 이 두 사람들을 화해시킬 수 있고 감정적으로 그리고 영적으로 그들의 독특한 인간성을 파괴하는 소외를 제거할 수 있다. 남성 중심 가족과 사회의 희생자로서 시어머니와 며느리는 사랑으로 고통스러운 상황을 직시하고 대안들을 취하여 갈등을 해결하는 데 도움이 될 수 있다. 사랑은 그들의 분리를 재결합할 수 있고 그들 무너진 관계를 회복할 수 있다.

(2) 사랑은 잠재적인 삶을 발휘하게 한다

권위의 남용은 가족 구성원의 권리, 특히 가족에서 약자인 여성과 아동을 잘못 통제하고 제약하기 때문에 한국 가족에서 역기능적인 중요한 요인들 중의 하나이다. 어떤 한 대상에 대해 권위를 가진다는 것은 그 대상 전체에 영향을 미친다는 뜻으로 받아들일 수 있다. 실례로 시어머니와 며느리 사이의 갈등은 가부장 문화 아래 그들에게 실행된 권위의 남용으로 결과에 이르게 되었다.

힘의 정의는 무엇인가? 보편적으로 말하자면, 힘은 안정된 지위, 돈, 가장 좋은 평판, 어떤 다른 사람을 통제하는 것과 같이 우리가 원하는 것을 가지는 능력을 의미한다. 힘이란 다른 사람들이나 하나님을 돕는 데뿐만 아니라 자기 자신을 개발하기 위하여 사용될 수 있다.

폴 틸리히(Paul Tillich)는 니체(Nieczzche)의 힘에 대한 의지를 "삶의 역동적인 자기-확신의 명칭과 문자적이면서 상징적으로 궁극적 실체를 설명하는 모든 개념들"로 설명했다. "힘에 대한 의지"에 관한 이러한 개념을 "남자들이 지배하기 위해 힘을 가져 남자들의 의지를 의미할 뿐만 아니라 내적이고 외적인 저항을 극복하며 자기-초월하는 역동성에서 삶의 자기-확신을 의기했다." 이러한 접근 방법은 틸리히가 모든 인간 삶을 이해하는 데 도움이 되었던 "힘의 조직적인 존재론"이라는 것에 골격을 제공해 주었다.[83]

이와 같이 힘은 사람들을 내적으로와 외적으로 막고 있는 것을 정복하도록 허락한다. 힘은 사람들로 하여금 그들이 누구인가를 발견하게 해주고 방해가 되는 것들을 극복하고 독특성을 위한 그들의 잠재력을 개발하도록 허락한다. 힘이란 사람들의 강한 점을 고무시켜주고 개인적이고 사회적인 폭력으로부터 사람들을 보호해 주는 초월적인 것이다. 힘이란 열악한 환경에서 그 사람의 장점을 개발하고 관계에서 문제들을 정복할 계기를 발견하는 것을 가능하게 하는 요소이다.

폴 틸리히(Paul Tillich)는 "존재는 존재의 힘이다"라고 저술했다. 이 문장은 많은 뜻을 함유하고 있다. 힘으로서 존재 그 자체란 힘이 존재로부터 오고 존재는 힘의 근원이라는 것을 의미한다. 존재와 힘은 밀접한 관계를 가지고 있다. 존재의 드러남이란 힘의 실체이다. 힘을 알 수 있는 방법은 자기-주장을 깨닫는 것이다. 힘은 자기-주장의 가능성, 비존재를 극복하는 가능성을 개방한다. 힘은 자신의 정체성에 대하여 확신하게 한다. 힘은 의미 없는 삶을 야기하는 무능한 환

---

83) Ibid., 36-37.

경을 극복한다. 힘은 삶에서 어떻게 나타나는가? 폴 틸리히(Paul Tillich)가 말하기를,

> 답은 존재의 힘이 존재가 존재의 힘을 실현시키는 과정에서만 드러난다는 것이다. 이러한 과정에서 존재의 힘이 나타나고 측정될 수 있다. 힘은 오직 잠재적 실현화에서만이, 힘을 가진 다른 사람과 만남, 그리고 이러한 만남들의 결과인 항상-변화하는 균형에서 실제이다. 삶은 존재의 역동적인 현실화이다.[84]

힘이란 삶을 현실화하는 과정에서 나타난다. 이것은 다른 사람들에게 주의를 기울이는 것과 그들에게 연결하는 것을 포함한다. 힘은 사람들을 관계로 나아가게 한다. 상호관계가 없다면, 누구도 현실화를 성취할 수 없다. 이와 같이 힘은 삶에서 한 사람의 소망을 현실화시킬 힘이다. 한국 가족에서 시어머니와 며느리 사이의 갈등은 다양한 가족들이 그들의 삶에서 자기-실현을 위하여 노력한 방법 가운데 불균형을 발생시킬 가부장 체계에서 힘과 힘의 남용이 영향을 미친 방법이라는 관점에서 설명될 수 있다.

(3) 힘과 사랑의 조화(unity)

힘은 사람들의 목적, 소망, 그리고 계획을 재촉하고 마무리하도록 강하고 예리한 전략을 제공한다. 그러나 힘은 보편적으로 경직되고 엄격하며 부드럽지 않고 편안하지 않다고 생각한다. 그때 힘은 모든 것들을 수용하고 이해하는 일종의 사랑과 어떻게 결합할 수 있는가? 사랑과 힘이 어떻게 함께 잘 되어갈 수 있을까? 틸리히는 힘과 사랑

---

84) Ibid., 41.

의 조화를 서술하였다:

> 존재의 힘은 죽은 정체성이 아니지만 그것은 그것 자체로부터 그
> 것 자체를 분리하지만 그것 자체로 돌아오게 한다는 역동적인 과
> 정이다. 거기에 더 많이 분리가 정복되면 될수록 더 많은 힘이 있
> 다. 분리된 자가 재결합되는 과정이 사랑이다. 재결합하는 사랑이
> 더 많을수록 정복된 비존재가 점점 더 많이 있고 존재의 힘이 점점
> 더 많이 있다. 사랑은 기초의 힘이지 부정의 힘이 아니다. 힘의 기
> 본 공식과 사랑의 기본 공식은 동일하다: 분리와 재결합 혹은 존재
> 자체로 비존재를 가지는 존재.[85]

사랑한다는 것은 고립과 분리로부터 고통을 치유하는 것이다. 사
랑은 소외로 유인하는 실수들을 교정하고 궁극적이며 의미심장한 삶
을 관련시키는 힘을 가지고 있다. 역시 사랑은 분리를 화해시키고 비
존재를 극복할 능력을 가지고 있다 만약 힘이 사랑을 지지한다면, 사
랑은 잘 행할 수 있다. 사랑이 없는 힘이란 긍휼이 없이 심판을 하는
경향이 있다. 사랑이 없다면 힘의 징후도 없다. 사랑이 없이 어떤 것
을 행하려는 힘은 실제로 존재하지 않는다.

이와 같이 사랑과 힘의 개념들은 하로움 없이 서로에게로부터 분
리될 수 없다. 사랑에 대항하는 것을 파괴하는 것이 사랑의 이상한
일이다. 이것은 사랑과 힘의 조화를 예견한다. 사랑에 반대하는 것을
파괴하기 위하여, 사랑은 힘을 필요로 한다. 재결합을 불가능하게 만
드는 것은 사랑을 반대하는 것이다. 힘은 사랑의 일을 실어 나르는
배이다.

이것은 하나님의 성품 안에서 폴 틸리히(Paul Tillich)의 신학적 근거

---

85) Ibid., 48-49.

인 힘과 사랑으로 다시금 인도한다. 하나님은 우주에서 모든 기본적인 힘의 기초이다. "하나님은 존재 자체이다"라는 것을 말하는 것이 사랑, 힘, 그리고 정의의 지배력에 대한 하나님의 관계를 주장한다. 이유는 "하나님은 궁극적으로 우리를 관계하는 것에 대한 기본적이고 보편적인 상징이다"이기 때문이다.[86] 존재 그 자체는 하나님 사랑의 드러남이다. 하나님 사랑의 가시적인 징조는 피조물들을 변형하는 힘을 통하여 감지될 수 있다. 하나님은 모든 생물체들의 바로 기반이고 하나님은 생명을 다룰 첫 번째 힘이다.

어떻게 하나님의 사랑을 알고 이해할 수 있는가? 하나님의 사랑은 인간 사랑의 경험을 통하여 느껴질 수 있다. 그러나 인간 사랑을 하나님에게 적용하는 것은 "상실되지 않고 변형되는 신의 깊음의 신비로 그것을 던지는 것이다. 그것은 계속 사랑이지만 그것은 지금 신의 사랑이다."[87] 그러나 모든 인간사랑은 궁극적으로 생명과 하나님의 사랑을 조사하게 된다. 인간사랑은 죄인들을 수용하고 화해하는 하나님의 사랑으로 출발한다.

같은 것은 거룩한 힘과 함께 발생한다. 상징적으로 우리는 하나님의 힘을 설명하기 위하여 노력할 인간 힘의 실례들을 사용한다. 이러한 구체적인 경험들이 거룩한 힘의 역사들을 이해하도록 돕는다.

우리는 모순되는 의지들에 반대한 우리의 의지를 수행할 능력에서 뿐만 아니라 구체적 행동들에서 힘을 경험한다. 하나님의 엄위함의 진정한 의미는 있는 모든 것에서 존재의 힘이며 무한하게도 모든 특별한 힘을 초월한다. 그러나 동시에 그것의 창조적인 근원과 같

---

86) Ibid., 109.

87) Ibid.

이 동일한 시간에 행동한다.[88]

하나님의 무적한 힘의 사상은 하나님이 존재의 기본적인 요소이고 기적들처럼 심지어 비상한 방법들르 그 자체를 드러낸다고 단순히 말한다. 하나님의 힘이란 생명을 포함하면서도 하나님은 모든 것의 기원이고 근본이란 것을 의미한다. "위엄한 하나님께 대한 모든 기도에서, 힘이란 궁극적인 실체로서……거룩한 힘의 입장에서 나타난다."[89]

거룩한 생명의 진정한 상징으로 사랑과 힘을 보는 것은 그들의 궁극적인 조화를 보는 것을 의미한다. 사랑한다는 것은 사랑하기 위하여 힘의 잠재력을 사용하는 것을 의미한다. 힘과 사랑은 항상 같이 가고 함께 하는 잠재력을 가지고 있다.

사랑과 힘 모두에 존재하는 하나님은 한국 시어머니와 며느리 사이에서 같이 어려운 갈등을 해결하려는 데 도울 수 있는 힘이다. 하나님은 두 사람에게 그들의 고통과 힘든 가족 경험들을 어떻게 방지하고 치유하는가를 두 사람에게 보여준다. 사랑에 근거한 하나님의 힘은 그들의 상처 난 감정을 치유할 수 있으며 그들의 한으로 점철된 삶으로부터 그들에게 자유를 준다. 하나님인 궁극적인 존재는 마음으로부터 사람들의 상처를 껴 앉으며 그들의 얼굴에서 눈물을 닦아 주신다.

사랑에 근거한 힘은 사랑 없는 거짓 힘이 성품과 공동체를 파괴하고 심지어 학대할 수 있을 때, 사회로부터 소외를 극복할 수 있다. 두려움에 의해서 촉발된 인간의 힘의 남용은 다른 사람들을 희생하여

---

88) Ibid.

89) Ibid.

소수 사람들에게 특권을 창조하려고 노력한다. 그들은 통제 대신에 관계를 파괴하기 위하여 거짓 힘을 사용한다. 비굴한 상태에서 사람들을 약하게 유지하는 힘없는 거짓된 사랑처럼, 사랑 없는 거짓 힘은 무시무시하고 악의 강력한 요소이다.

2) 개인과 세상

전통 한국 문화에서, 개인은 가족에 속해 있다. 만약 가족이 안전하다면 사회가 안전할 것이고 만약 사회가 안전하면 국가도 안전하리라는 것을 유교 사회 철학이 주장했다. 유교의 정신은 개인보다 사회 전체에 더 중요함을 인정한다. 그래서 이러한 철학에 의해서 집단적인 사상이 계속 살아 있게 한다. 폴 틸리히(Paul Tillich)의 견해는 세상에서 개인과 사회적 참여 사이에 조화를 이루는 사상을 나타낸다. 그의 용어들을 사용하면서, 시어머니와 며느리 사이의 갈등은 개별화와 사회적 참여의 원칙들 관계에서 부족하고, 정확하지 않은 균형의 결과로 생긴다. 한국 전통은 사회적 참여를 강조하지만 개별화는 등한시한다.

(1) 개인주의

진정한 개인주의는 세상 외부에 있는 개인과 좋은 관계를 유지하는 것에 초점을 둔다. 민주사회에서 다수의 사람은 자신들이 선택한 그룹들 안에서 중요한 상호연결 상태에 있는 그들의 실존적인 존재와 응답하여 자신들의 독특함을 개발할 많은 기회를 가진다. 폴 틸리히(Paul Tillich)는 개인주의를 "그들의 세상에서 자기의 참여에 관심

없이 개인적인 자기로서 개인적 자기의 자기—확신으로 정의한다.""⁹⁰⁾ 개인주의는 사람들이 자신의 정체성에 관한 강력한 무의식이다. 개인적 정체성은 그 사람의 의식의 한 부분이다.

개인주의 사상은 어디서 오는가? 폴 틸리히(Paul Tillich)는

> 원시시대의 집단주의와 중세시대의 반 집단주의의 노예로부터 개인주의의 역사적 발달을 설명했다. 그것은 민주적 순응의 보호막 아래에서 자랄 수 있었고 실존주의 운동 안에서 중도적이거나 과격한 형태로 오게 되었다. 원시적 집단주의는 개인적인 죄책감과 개인적 질문—물음의 경험들에 의해서 손상되었다.⁹¹⁾

죄의식이 그들의 감정적인 균형을 왜곡시키고 그들이 자신들의 정체성과 자신들의 궁극적인 운명에 관한 질문을 시작하게 될 때 사람들은 집단 사회질서에서 그들이 처음 가진 지위를 유지할 수 없다. 그들은 궁극적으로 이것들에 관하여 하나님에게 말할 수 있어야 한다. 개인적 죄의 의식들이 그들 자신 안에서와 더 큰 공동체 안에서 그들이 누구인가에 대하여 반영하도록 사람들에게 강력하게 도전을 준다. 이러한 경험들은 사람들로 하여금 자신들이 누구인가에 대하여 더 가깝게 접근하게 한다.

하나님이 인간을 만들었을 때, 하나님은 그들 각자를 특별히 명명했다. 성경 이야기에서, 하나님은 아담과 이브를 평범한 개념들로서 아니라 특별하고 독특한 존재들로 지칭하였다. 하나님은 개인 양식으로 따를 것을 그들에게 명령하였고 동시에 이 세상에서 살고 하나님

---

90) Paul Tillich, *The Courage To Be* (New Haven: Yale University Press, 1952), 113.
91) Ibid.

이 창조한 환경과 협력하도록 명령했다. 하나님은 개인적 삶에 중요한 참고들을 제공하는 더 큰 공동체를 고려하지 않고 홀로 살기 위하여 인간을 홀로 만드시지 않았다. 개별화는 환경과 상호연결하고 외부로부터 영향들을 수용함으로 사람을 풍성하도록 허락하신다. 그것은 개인을 스스로 정의하게 하여서 그들이 모든 다른 사람으로부터 독특하다는 것이다. 하나님은 인간에게 이러한 재능을 주셨다. 개성과 개별화의 두 개념이 실제로 분리할 수 없다. 그들은 한 사람 안에 존재한다. 심지어 단어인 "개인"은 상호의존을 암사한다. 인간은 완전히 자기중심적일 뿐만 아니라 완전히 개별화되었다. 개별화는 인간이 완전이나 완벽을 추구하기 위하여 외부 요소들과 상호 연결시키는 관계적 실체이다.[92]

(2) 집중성

폴 틸리히(Paul Tillich)에 의하면 인간 삶이란 그 사람의 잠재력을 현실화하는 과정으로 서술했다. 삶 그 자체는 한 사람의 잠재력을 실제적 실체가 되도록 노력하게 한다. 삶에서 잠재력을 실현하기 위하여 "집중성"이라는 생각은 개인이 선택할 수 있도록 발휘하는 것이다. 이 집중화된 자기-창조의 과정이 개인의 독특성을 드러나게 한다. 자기-창조는 전체 성품과 모든 관계를 포함하는 전체적인 실체로 그 사람을 만든다. 개별화와 참여의 원리는 여기서 함께 작용한다. 집중성을 성취하기 위하여 자기-창조와 협동하지 않는다면, 자기-창조는 완성될 수 없다.

---

92) Tillich, *Systematic Theology*, vol. 1, 174-175, John Herman Randall, Jr., "The Ontology of Paul Tillich," in *The Thought of Paul Tillich*, ed. James Luther Adams (New York: Harper, 1984), 188.

눈에 띄는 모든 생명체는 예리하게 집중되어야 하고 전체 실체로서 그 환경에 반응해야 한다. 그것의 생명은 그것이 살아 있는 한 그 생명은 돌아갔다가 돌아온다는 과정이다. 그것은 조우한 실체의 요소들을 취하고 자신의 집중된 전체로 그것을 흡수시킨다. 혹은 동화가 불가능하다면, 그것을 거부한다. 가인 구조가 허락하는 한 멀리 집중성은 공간으로 나아가고, 집중성이 제한할 때 혹은 다른 생물 개체가 그것을 강제로 물러나게 할 때 집중성은 위축된다. 폴 틸리히(Pau Tillich)는 개별화와 집중성의 사이 관계를 더 깊이 설명했다:

> 집중된 존재는 그 자체로부터 또 다른 존재를 발전시킬 수 있거나 그것은 전체에 속해있는 일부의 부분들을 박탈 당할 수 있다; 그러나 그런 집중은 나누어질 수 없다. 그것은 오직 파괴될 수 있다. 충분히 개별화된 존재는 동시에 충분히 집중화된 존재이다. 인간 경험의 제한안에서 오직 인간은 이러한 특징들을 충분히 취한다; 모든 다른 존재에서, 집중과 개별화는 제한된다. 그러나 제한적으로 혹은 충분히 개발되든지, 그들은 존재하는 모든 것들의 특징들이다.[93]

그러므로 집중성은 개인이 세상과 연결을 가능케 하는 관계적 실체이다. 자기-실현을 위해 집중으로 변하는 것은 개인을 진정한 우정의 관례에서 강한 에로스(Eros)와 함께 완전하거나 완벽한 삶을 알게 한다.

집중되었을 때, 인간들은 존재, 자기, 그리고 세상과 상호작용을 통하여 현실화를 발견한다. 그들은 이러한 접촉들이 비존재—두려움, 고뇌, 죽음, 그리고 무의미성—의 다양한 표현을 피하기 위해 제공하는 집중과 강한 정체성을 요구한다. 집중된 자기 확신은 자연적이고 본능적인 인간 현상들이다. 그것이 어떻게 개발될 수 있는가? 세상에

---

93) Ibid., 32.

서 오직 개별화와 참여의 원리들이 알맞게 균형을 지킴으로 가능하다. "자기는 자기이다. 오직 자기는 자기가 속해 있고 동시에 자기가 분리되어 있는 세상, 구조화된 우주를 가지고 있기 때문이다. 자기와 세상은 상호 연관되어 있고 개별화와 참여도 또한 그러하다"[94]고 폴 틸리히(Paul Tillich)는 말했다. 집중성은 충분히 개별화된 자기를 형성하는 과정의 기본적인 요소이다.

(3) 상호의존적 원리들

개별화와 참여의 양극화에서 지나친 자기-중심성은 고립으로 갈 수 있고, 반면에 지나친 참여는 완벽한 집단화로 이끌 수 있다. 사람들은 "대중들 가운데 고립과 참여 그리고 양극단은 그들을 다른 사람들에게로 몰아갈 수 있다"[95]는 양극단들 사이에 왔다 갔다 한다. 개인과 세상을 함께 모으는 이러한 같은 두 개 원리들은 역시 그들을 분리시킬 수 있다. 그들은 서로를 필요로 한다. 개인과 공동체 모두의 필요가 만족하려면 함께 일해야 한다. 개별화는 완전하기 위하여 참여가 필요하고 참여는 완전해지기 위하여 개별화가 필요하다.

> 두 개 양극은 상호의존적 이다. 존재가 더 개별화되면 될수록 점점 더 그것은 참여할 수 있다. 완벽하게 개별화된 존재로서 인간은 생각, 상상력, 그리고 행동을 통하여 그들의 총체 안에서 세상에 참여한다. 원칙적으로, 그의 참여에 제한이 없다. 왜냐하면 그는 완전히 집중화된 자기이기 때문이다.[96]

---

94) Tillich, *The Courage To Be*, 87-88.

95) David E. Robert, "Tillich's Doctrine of Man," in *The Thought of Paul Tillich*, ed. James Luther Adams (New York: Harper, 1984), 158.

96) Paul Tillich, *Systematic Theology*, vol. 2 (Chicago: University of Chicago Press, 1957), 65-66.

인간들은 가능한 모든 방향에서 계속 발전해야 한다. 개인 발달에 모든 장애물은 개별화와 참여의 이러한 원리가 적당하게 사용하여 극복될 수 있다. 사람들이 점점 더 참여할수록 그들은 더 개별화된다.

참여는 개인 외부세상의 존재 부분과 연합된 많은 다른 것을 의미한다. 참여한다는 것은 다른 사람과 자신의 삶을 나눈다는 의미이고 영적으로, 감정적으로, 그리고 육체적으로 협동하는 자와 진정한 교제를 위하여 기회를 갖는다. 참여는 사람들로 하여금 개인적으로, 집단적으로 내가 누구인가를 생각하게 한다. 공동체 참여가 없다면, 개인은 진정한 존재가 없는 파괴적인 것이 된다. 그러나 참여의 정도가 문제이다. 관계된 존재의 힘은 참여의 좋은 측정이다. 이유는 자기-확신이 힘을 나타내기 때문이다. 비존재가 위협을 가할 때, 자기-확신은 "존재할 용기", 세상의 나머지 부분이 될 용기이다. 이것은 개인에게 정직한 참여자가 되기를 요구한다. 세상의 부분이 "될 용기"는 그 세상에서 참여를 통하여 자기 자신의 존재를 확신할 용기이다.[97]

참여와 개별화의 원리는 더 큰 세상의 부분이 자기 자신을 확신함으로 진정한 유일성을 어떻게 성취하는가를 개인에게 보여준다. 사람들은 그들 주위에 있는 다른 사람들과 환경과 더불어 관계를 통하여 그들 자신의 삶을 발전시킨다. 그들은 성품을 변형하고 개인 정체성을 명백히 하게 할 힘을 얻을 수 있다. 모든 관계는 세상에서 개인의 참여를 포함한다. 누구도 법적으로 외부 세상에 대한 중요성을 거부하거나 다른 사람으로부터 영향들을 거부하는 무관심의 태도를 고수한다. 참여는 분리된 세상에서 집중된 조화를 장담하고 관계들의 보

---

97) Tillich, "Being, Individualization, and f Participation," *The Courage to Be*, 86-90.

편적인 체계를 가능하게 한다.

(4) 한국가족 갈등에 적용

폴 틸리히(Paul Tillich)의 용어로 보면, 한국 가족 구성원 중에 여성이 전통적으로 가족과 사회에서 충분한 참여로부터 소외를 경험한다. 그들은 개별화를 위하여 자신들이 소유한 자연적인 욕망을 많이 제한하는 경험을 한다. 이러한 소외 상태에서, 여성들은 그들 자신 안에서 소외되고 더 큰 세상의 참여로부터 단절된다. 외부 환경과 그들 자신의 내적인 단절로 인하여 그들은 외로움이라는 혼동을 경험한다. 그들은 비존재를 경험한다. 그들은 자신의 영혼을 인도하거나 자신을 포함하는 외부 환경에 의해서 어떤 충격으로 인하여 자존감을 발전시키기 어렵다는 것을 발견한다.

이런 경우를 접하게 되면, 개별화와 참여의 원칙들의 균형이 깨어진다. 개별화 문제들은 너무 강해서 참여는 그것을 해결할 수 없고 아직도 가족들 안에 있는 여성들은 개인으로서 발전시키기 위하여 참여가 필요하다. 가장 무서운 것은 비인격화이다. 여성들은 충분히 비인격화된 존재로서 확인되었다. 젊은 며느리는 시어머니에게 복종하지 않음으로 죄의식을 느낀다. 심지어 효가 한국 가족 삶에서 가장 우선적인 덕목이라는 것을 알고 있는 여성이 자신이 살고 있는 현대 삶의 형태 때문에 전통적인 덕목을 유지할 수 없다. 시어머니는 가족 안에 있는 모든 여성, 즉 어머니, 시어머니, 할머니는 무력하다고 생각한다. 그러므로 두 세 대간의 큰 긴장은 가치관에서 출발한다. 그 상황이 다른 사람의 참여와 개별화의 알맞은 균형으로부터 단지 올 수 있는 집중된 자기-실현을 추구함으로 두 여성들을 방해한다.

개별화와 참여의 불균형이 자기-통합의 자연적인 과정을 방해한다. 단절과 혼란의 힘은 친근하고, 단지 일할 수 있는 관계로부터 올 수 있는 집중성 때문에 이러한 여성들에게 기회를 주지 않는다. 분리하려는 경향들은 계속 자연스러운 자기 통합의 과정에 대해서 노력한다. 이것이 시어머니와 며느리 사이의 긴장과 갈등을 야기한다. 비록 그들이 그것을 감지한다고 할지라도, 그들을 그것에 관하여 서로에게 솔직하게 표현할 수 없다. 만약 그들이 다른 사람들과 더불어 건강한 관계들 안에서 집중적이고, 자기-각성하는 사람에 의해서 잘 다루어지지 않는다면 계속적인 고통을 야기할 수 있는 삶에서 모든 이상한 것들을 효과적으로 다룰 수 없다. 예를 들면, 자신들의 생각들을 표현할 수 있는 사람들은 개별화와 참여의 과정을 다룰 더 많은 힘을 가진다.

개별화와 참여 사이의 이러한 부조화는 깊은 소외가 존재하고 있다는 것을 나타내며 한국 가족이 육체적인 불균형뿐만 아니라 전통적이고 현대적 가족 체계 사이에 정신의 더 많은 혼돈은 위험한 신호로 나타난다. 갈등으로부터 발생하는 고뇌들은 그들의 일을 잘하지 못하게 하고 다른 후유증을 야기한다. 심리적 균형의 몰락이 영적인 질병만 아니라 육체적인 질병들도 가져온다. 많은 질병이 유기체의 자기-정체성으로 돌아갈 유기체의 무능력으로 간주될 수 있다. 개별화와 참여 사이의 알맞은 균형만이 신체적이고 영적인 영역 모두에서 질병의 가능성을 극복 할 수 있다.[98]

---

98) Tillich, *Systematic Theology*, vol. 3, 35. 틸리히에거서 건강이란 전인적인 통합과 삶의 모든 차원들의 균형을 의미했다. 모든 차원이란 신체적 뿐만 아니라 온전한 개인의 행복에 영향을 미치는 사회적이고 환경적인 과정들을 말한다. C. Gertrude Cutler, "Tillich's Multidimensional View of Health: A Message of Holistic Healing," in *Theonomy and Autonomy: Studies in Paul Tillich's Engagement with Modern Culture*, ed. John J. Carey (Macon: Mercer University Press, 1984), 171-172. Paul Tillich, "The Meaning of Health," in *Religion and Medicine: Essays on Meaning, Values, and Health*, ed. D. Belgum (Ames: Iowa State University Press, 1967), 1-12.

틸리히의 분석은 최종적으로 삶의 미성숙에 대한 여성들과 가족과 사회에서 충분한 개별화와 참여를 방해하는 제도적인 요소들 사이에 가족의 갈등을 조사한다. 이 가족 갈등들은 개별화와 참여의 원리들을 통하여 가족 안에서 자기-각성을 알도록 가족 구성원에게 새로운 방법이 발견되기까지 계속될 것이다. 이것은 내포된 갈등을 극복하고 그들의 인간성을 발전시키기 위해 여성에게 특별한 단계를 가질 것을 요구한다. 개별화와 참여의 원리는 여성들에게 그들의 정체성을 알게 하고 그들의 독특성을 발전시키게 한다.

3. 심리학적 견해: 힘과 사회적 관심에 관한 알프레드 애들러(Alfred Adler)의 입장

1) 개인 심리학

알프레드 애들러(Alfred Adler)는 9년간 연합한 후 1911년 프로이트(Freud)와 헤어졌을 때 그가 개발한 사회 심리학의 이론에 "개인 심리학"이라고 이름을 붙였다. 인간 행복과 협동을 위하여 앞선 발전을 추구하는 "사회적 관심"의 개념에 기반을 두었다. 안스바흐(Ansbascher)는 알프레드 애들러(Alfred Adler) 심리학의 6가지 중요한 면들을 요약하였다:

1. 통전적으로 인간을 나눌 수 없는 실체로 본다.
2. 현상학적으로 인간을 그의 독특한 관점의 자료로부터 본다.

3. 목적론적으로 인간을 객관적인 과거에 의해 강요 당하는 것보다
   는 주관적인 미래에 의해서 인도되는 것으로 본다. 자동적으로
   사건에 도달하는 것보다는 오히려 창조적으로 목적 지향적 노력
   으로 본다.
4. 장-이론적으로, 인간의 행동들, 사고들, 그리고 감정들을 그의
   주위 세상에 있는 교류들로서 고려한다.
5. 사회적으로 적응시킨, 개인을 사회에 반응하는 것뿐만 아니라
   또한 공헌하는 적극적 참여자로 본다.
6. 방법론에서 조작적인이다.[99]

알프레드 애들러(Alfred Adler)는 개인에게 큰 강조를 둔 낙관적인 심리학을 취했다. 그 용어 "개인적"은 원래는 "구분할 수 없는" 라틴어 의미가 있는 것으로 연관하였다. 알프레드 애들러(Alfred Adler)는 각각 개인 인격을 의미심장하게도 분리할 수 있는 부분들로 분석될 없는 "구분할 수 없는 유기체"로 간주했다. 개인은

> 보편적인 목적을 위하여 협동하는 단일화된 생물학적 공동체…. 사
> 회가 아니라 원자라는 양극 대립물로 이해된 그 용어 *개인적*은 대
> 조적으로 기계적, 환원적, 인과적인 접근…. 프로이드의 과학적관점
> 으로부터 완전히 정 반대인 유기체적, 인간적, 그리고 목적론적 접
> 근의 전체적인 개념을 구체화한다.[100]

알프레드 애들러(Alfred Adler)의 과학 철학은 인간 삶을 증진하는 가능성에 충분한 확신을 갖도록 하였다. 사람들이 본래 선하거나 악하게 태어나는 것이 아니라 그들은 그들 자신의 삶을 향상하기 위해 그들에게 많은 선택 이용할 수 있다고 보았다.

---

99) Heinz L. Ansbacher, "Individual Psychology," in *Curren: Personality Thehories*, ed. Raymond J. Corsini (Itasca: Peacock Publishers, 1977), 45.

100) Ibid., 46.

그러나 알프레드 애들러(Alfred Adler)는 성격 이론들이 인간 구조들이지 실체의 복사가 아니라는 것을 생생하게 알았다.[101] 그들이 인간 발달을 개념화하고 전문가들을 돕기 위하여 연구를 활발하게 노력했다. 알프레드 애들러(Alfred Adler)는 그의 이론들이 사람이 사는 것을 도울 것이라고 예상했다. 그는 1927년 "인간 본성을 연구하는 학문의 적절한 목적은 오직 모든 인간들이 인간 본성을 이해하는 것이다"는 것을 저술하였다. 알프레드 애들러(Alfred Adler)는 1946년에 저술했을 때 그의 목적과 근접했다고 믿었다: "더 오랜 학구적인 과학은 더 취약한 이론들이 있을 수 있다. 더 새롭고, 더 복잡한 이론이 있을 수 있다. 그러나 모든 사람에게 더 큰 이익을 가져올 수 있을 이론은 분명히 없다."[102]

2) 힘: 우월을 향한 노력

성격의 일관성과 조화하기 위해 인간들은 마지막으로 어떤 목적을 추구하는가? 알프레드 애들러(Alfred Adler)는 사람을 이해하는 데 욕구 불만에 의한 공격성이 성보다 더 중요하다고 1908년에 이미 결론을 내렸다. "남성다움의 주장"이란 사상은 남성과 여성들 모두에게서 열등감에 대한 과잉보상으로 설명하였다. "우월 추구"는 융(Jung)의 개별화라는 자연적인 과정들의 개념처럼 그의 주요한 사상 중의 하나가 되었다.

---

101) Ibid..
102) Ibid..

나는 모든 심리학적 현상들이 우월을 추구한다는 것을 분명히 보기 시작했다. 그것은 신체적 성장과 같이 나아가고 삶 자체에 꼭 필요한 것이다. 삶의 문제들을 모두 해결하는 가운데 그것은 근간이고 우리가 이러한 문제들을 대면하는 방법 가운데 드러낸다. 우리의 모든 기능들은 목적을 지향한다. 그들이 옳은 방향이든지 그릇된 방향이든지 그들은 정복, 안전, 증가를 추구한다. 마이너스에서 플러스로의 추진력은 절대로 끝나지 않는다. 아래에서 위로의 충동이 멈추지 않는다. 우리 모든 철학자들과 심리학자들이 어떤 전제로 꿈을 꾸든지―자기―보호, 기쁨의 원리, 평등―모든 이것들은 단지 흐릿한 표현들이지만, 우를 향한 힘을 표현하려고 한다.

우월이나 완벽추구는 어떤 개인에게 독특한 것이 아니라 모든 사람에게 본능적이다. 그것은 삶에서 완전히 자연적이고 정상적인 현상이다. 이러한 우월 추구가 사람의 한 발달 단계로부터 다음 발달 단계로 이르러 전 생애를 통해 그 사람에게로 이르게 한다. 알프레드 애들러(Alfred Adler)는 우월을 추구하는 것이 많은 다른 힘으로 분산시키는 데 있어서 유용하다고 생각하지 않는다. 이유는 그는 우월이 완성을 위해 기본적인 한 동력으로부터 흘러가는 것으로 보았기 때문이다. 각각 사람들은 완벽이나 완전의 이러한 면을 추구하기 위해 특별한 구체적인 방법을 개발시킨다. 이것은 모든 사람에게 본능적으로 공통적인 면이다.[103]

알프레드 애들러(Alfred Adler)는 그의 원래 공격성이라는 개념을 뛰어넘어 1912년 그의 책 *The Neurotic Constitution*에서 니체(Nietzsche)의 용어인 "힘에 의지"를 채용했다. 그는 그것을 신경증 환자의 "남성추구"의 사상과 비교하고 "니체(Nietzsche)의 '힘에 의지'라는 사상이 우리가 이해하는 많은 점을 내포하게 되었다고 설명했다."[104] 이 힘은

103) Calvin Hall and Gardner Lindzey, *Theories of Personality* (New York: John Wiley, 1970), 122-123.

다른 사람을 지배하는 데 필요한 힘이 아니다. 그 시대에 알프레드 애들러(Alfred Adler)는 "극복하는"이라는 단어를 더 즐겼다. 니체 (Nietzsche)를 연구한 학자인 워터 카우프만(Water Kaufmann)은 니체가 "강력한"이라는 상대적 단어를 신중하게 생각했다: "힘은 단지 더 많은 힘으로서 즐기게 된다." 사람은 힘을 더 많이 소유해서가 아니라 힘을 더함으로 즐긴다: 무능의 극복을 즐긴다." 힘에 대한 의지는 "기본적으로 자신을 초월하고 완벽할 추구였다." 그리고 삶 그 자체가 그 자체를 항상 극복해야 하는 것이었다."105)

이처럼 알프레드 애들러(Alfred Adler)와 니체(Nietzsche)는 전인적, 유기적 그리고 인문적 심리학의 삶의 특징인 단 하나의 역동적 원리에 동의했다. 어떤 목적이나 가치를 향한 이러한 창조적 노력이 사회 과학의 상황에서 인지심리학을 의미했다. 가치로서 힘은 기계적, 환원주의적 접근과 더불어 가치가 없는 자연 과학으로서 정신분석을 정착하려는 프로이트(Freud)의 시도와 매우 날카롭게 대조적이었다.106) 그러나 많은 사람이 니체(Nietzsche)가 "힘에 대한 의지"를 찬성하는 것을 생각한 것처럼, 또 다른 사람들은 알프레드 애들러(Alfred Adler)를 다른 사람들에 대하여 개인적 힘을 추구하려고 내담자를 강력히 추진하므로 알프레드 애들러(Alfred Adler)를 이해하였다. 그와 반대로, 알프레드 애들러(Alfred Adler)는 열등감을 가진 사람들이 사회에 공헌할 수 있게 하기 위하여 열등감을 극복하도록 도와서 힘의

104) Alfred Adler, *On the Nervous Character*, 4th ed. (Munich: Bergmann, 1928), 3.

105) Water Kaufmann, *Nietzsch: Philosopher, Psychologist, Antichrist*, 3rd ed. (Princeton: Princeton University Press; New York: Random House, Vintage Books, 1968), 185–86, 248.

106) Ibid.,178; Heinz L. Ansbacher, "Adler's 'Striving for Power' in Relation to Nietzsche," in *Journal of Individual Psychology* 25, no.2 (November 1975), 12–13.

개념을 발전시켰다. 그의 사상은 개인들의 힘을 통하여 사회를 발전시킬 관계적 망에 중점을 두었다. 알프레드 애들러(Alfred Adler)의 중심적 요점들은 약함을 극복하고 사회의 남은 사람들과 협동하는 것이다.

알프레드 애들러(Alfred Adler)의 힘의 개념은 한국 가족에서 시어머니와 며느리 사이에 갈등을 이해하는 데 많은 공헌을 한다. 심리학적 입장에서, 두 여성은 위축된 자존감을 가진 희생자들이다. 그들은 남자가 여성 지배를 선호하는 가부장체계에 의해서 복종하는 입장에 놓여 있다. 그래서 그들은 자신들의 능력을 최대한으로 발휘할 수 없었으며, 그들이 행동할 수 있기 전 항상 다른 사람들을 생각해야 한다. 그러한 억압의 상황에서 생존은 그들의 즉각적인 환경들에 대한 그들의 정체성을 제한하는 것을 의미한다. 그들이 하는 주된 일은 다른 사람들을 안락하게 하고 행복하게 하며 자신들의 필요들을 무시하는 것이다.

알프레드 애들러(Alfred Adler)는 여성들의 약함을 극복하기 위하여 어떤 힘이든지 사용하고 여성들의 어려운 상황들에서 가능한 한 많이 그들의 삶들을 개선하기 위하여 서로가 협동할 수 있도록 여성들에게 재촉했을 것이다. 그들 사이의 더 많은 협동과 더 적은 경쟁으로 그들 자신의 약함과 아픔을 극복하게 하고 그들 자신의 일을 더 효과적으로 할 수 있게 하며 가족 안에서 자신들의 정체성을 발전시킬 수 있게 한다. 이러한 여성들은 함께 일할 수 있고 외부 세상에서뿐만 아니라 내부 세상에서 각각의 장점들을 고무시킬 수 있다.[107]

---

107) Alfred Adler, *Superiority and Social Interest: A Collection of Later Writings*, ed. Heinz L. and Rowena Ansbacher (New York: Norton, 1979), 31.

힘은 가족 안에서 서로 지배하는 것을 의미하지 않는다. 힘이란 서로 가 더불어 협력을 통하여 개인적인 한계를 극복할 능력을 의미한다. 이런 종류의 힘은 순수한 인간성을 완성하게 하도록 허락할 수 있다.

이렇게 두 여성이 심지어 장애와 억압을 직면한 가운데서도 자신에게 숨겨진 노력을 드러낼 힘을 알지 못했다. 알프레드 애들러(Alfred Adler)는 힘이란 어떤 상황에서도 모든 사람에게 유용한 것인데 그것은 완벽하기 위해 타고난 노력이라고 설명했다. 힘은 앞으로 힘의 결과를 드러낼 생명, 충동, 발달, 숨겨진 중요한 것에 속해 있다. 가족들 안에서 갈등하고 있는 여성들은 과거의 모든 내적이고 외적 장애들을 옮기고 가능한 한 가장 높이 그들의 독특함을 개발하기 위해 그들에게 도움이 되는 이 힘에 의존할 수 있다. 산다는 것은 완전을 향하여 발전시킨다는 것이다.

3) 사회적 관심

알프레드 애들러(Alfred Adler)의 독일어 Gemeinschaftsgefuhl는 사회적 정서, 공동체 정서, 영적 교제의 의도, 공동체 관심으로 다양하게 번역되었지만 가장 보편적으로 "사회적 관심"으로 번역되었다. 사회적 관심은 관계를 기초로 한 것이고 공동체에 관심을 둔다. 그것은 사회적 상황들에 반응하는 것이 본래적인 경향이다.[108]

알프레드 애들러(Alfred Adler)는 생존하기 위하여 다른 동물의 종과 육체적으로 일대일로 경쟁하기 위하여 원시 인간들의 무능함을 위해

---

108) Adler, *Individual Psychology*, 134.

"사회적 관심"에 연구했다. 그는 자기으 책『*Understanding Human Nature*』에서 서술했다.

> 사회적 관심은 필수품이 되었다. 모든 개인은 그 자신을 그 단체에 종속시키는 공동체와 노동의 분화를 통하여 종은 그들의 존재를 지속하게 될 수 있기 때문이다. 홀로 노동의 분화(기본적으로 문명을 의미한다)는 모든 소유들에 책임 있는 방어와 공격의 이러한 도구들을 인류에게 이용할 수 있게 한다. [109]

이처럼 인간은 다른 사람과 상호작용을 통하여 그들 자신을 안착시키는 관계적 실체들이다.

사회적 관심은 주로 자신의 자기와 공동체 모두를 높이는 데 근간을 둔다. 바로 개인적인 독특성을 발전시킬 동기는 달리 사회적 환경으로부터 숨겨질 수 있을 것이다. 사회적 관심은 개인적 삶의 모습의 기초이고 각 개인이 어디에 사는가에 따라서 발전된다.

사회적 관심은 우월성을 향한 두 번째로 중요한 노력이 아니다. 사회적 관심은 다른 사람에게 우월이 되려는 강력한 노력에는 주요한 요소이다. 사회적 관심은 종종 힘의 방법을 표현하거나 이룰 필요가 있을 때 우월을 향하여 함께 노력한다. 사회적 관심과 우월의 추구는 타고났지만 사회적 관심은 사회적 상황에 있는 삶 가운데 어린 시절에 발전되어야 한다. 사회적 관심은 보통 매우 어린 시절에서부터 발전한다. 사회적 관심의 성장은 그 아이의 창조성과 환경에 있는 많은 다른 요소들, 학교, 그리고 개인 경험에 달려 있다. 그것은 어머니와 관계성에서 시작한다. 이 관계의 실패로 인하여 개인은 "사회적 삶에 의하여

---

109) Adler, *Understanding Human Nature* (Greenwich: Fawcett, 1927), 36.

나타난 문제들을 대처하기 위해 준비되지 않는” 삶을 살 수 있다.[110]

사회적 관심은 공감으로 통하여 가장 잘 발달한다.[111] 사회적 관심이 매우 잘 발달된 사람은 다른 사람들에 대하여 안정감과 온유한 마음을 가지고 있고 다른 사람의 상황을 이해하기를 원한다.

> 공명할 수 있는 능력은 훈련되어야 하고 공명은 오직 만약 사람이 다른 사람과 관련하여 성장하고 전체를 한 부분으로 느낄 수 있다면 그것은 훈련될 수 있다. 사람은 삶의 평안한 부분뿐만 아니라 불편한 부분도 남에게 속해 있다는 것을 반드시 알아야 한다. 지구의 모든 장점과 불이익들과 함께 편안함을 느껴야 한다. 삶은 오직 그들의 해결을 위하여 협동할 능력을 요구하는 것 같이 그러한 문제들을 오직 드러낸다. “올바로” 듣고, 보고, 혹은 말하는 것은 다른 혹은 한 상황에서 완전히 자신의 자기를 상실하는 것, 혹은 그와 혹은 그것과 동일한 것으로 된다는 의미이다. 홀로 우리를 우정, 인류의 사랑, 연민, 직업, 그리고 사랑할 수 있게 만드는 동일성의 능력은 사회적 관심의 기반이며 다른 사람들과 연결에서만 수행되고 활동될 수 있다.[112]

완전히 다른 사람의 마음을 이해하기 위해서 노력이 필요하고 인접한 환경의 외부 사람과 일종의 친밀한 관계를 가지기 위해 노력한다. 사회적 관심의 정도는 한 사람이 다른 사람을 얼마나 많이 인지하는가에 달려 있다. 그것은 진정으로 “다른 사람 지향적” 관심과 염려의 상태를 의미하지, 표면적으로는 사회적으로 외향적인 사람을 의미하지 않는다. 궁극적으로 그것은 공동체를 개선하려는 관심을 가진 유용한 사람이 되는 욕망과 공동체 안에서 사는 사람이 되기를 바라

---

110) Adler, *Individual Psychology*, 135.

111) Ibid.

112) Ibid., 136.

는 것을 의미한다.

알프레드 애들러(Alfred Adler)는 사회적 관심을 "인류의 궁극적 형태, 우리가 삶의 모든 의문을 상상하는 조건, 외부 세상에 대한 모든 관계를 해결된 것"으로 생각했다.[113] 이처럼 우리는 모든 "인간 진보를 사회적 관심의 더 높은 발달의 기능으로" 생각할 수 있다. 사회적 관심은 삶의 모든 경험을 통하여 다른 방법들로 계속 발달한다:

> 그것은 차별화되고, 제한되고 혹은 확장되고 바람직한 경우, 가족 구성원들에게 연장할 뿐만 아니라 더 큰 단체, 국가, 모든 인류에게 연장된다. 그것은 심지어 더 나아갈 수 있고, 자체가 동물들, 식물들, 그리고 생명이 없는 대상들 그리고 마지막에 심지어 우주에까지 연장한다."[114]

알프레드 애들러(Alfred Adler)가 사회적 관심을 "궁극적 인류의 형태"라고 동일시하고, 그리고 그것이 미치는 범위가 "우주"로 연장될 때, 그는 폴 틸리히의 작업을 특징짓는 일종의 존재론적 신학분석이 하는 것과 아주 밀접하게 된다.

4) 가족 갈등

사회적 관심은 자기를 확장시키는 것으로 공동체와 관계가 있기에, 가족 갈등은 사회적 관심이라는 영역에서 보면 발달이 약간 부족한 것임에 틀림없다. 선하고 바른 관계성을 가진다는 것은 자신의 자기

---

113) Adler, *Superiority and Social Interest*, 25, 35.

114) Adler, *Individual Psychology*, 136.

와 다른 사람들을 향하여 건설적이고 긍정적으로 산다는 것을 의미
한다. 관계성들이 모든 모임들에게 행복한 역할을 하지 못할 때, 협동
을 위한 가장 기본적으로 적합한 본능인 관계성의 기능이 약간 부족
하다는 것을 의미한다. 알프레드 애들러(Alfred Adler)학파에서 기초한
정신과의사 루돌프 드리아커스(Rudolf Dreikurs)에 말에서,

> 불충분한 사회적 관심은 협동을 제한한다; 인간들은 변명이 절박하
> 다는 것에 대해서는 너무 쉽게 악한 반대자로 나타난다. 결과적으로
> 나타나는 적개심은 꼭 사회적 감정이 적개심이 정착한 것처럼 협력
> 을 방해한다. 소속의 감정은 다른 사람들 안에서 확신을 예견하고
> 우리가 어떤 결말을 직면할 수 있게 하는 힘의 근원으로 자신 안에
> 서 확신을 예견한다. 두려움은 협력하는데 주요한 장애물이다.[115]

협력은 질투, 두려움, 적개심, 그리고 열등감으로 가득한 환경에서
는 충만할 수 없다. 사람들은 자기중심적, 좁은 생각, 그리고 반응에
서 이기적이며 더욱더 많은 고통이 있다.

한국 가족 갈등의 배경에서, 나이가 많은 여성들은 문화적 변화들
로 인하여 가족 안에서 노인 세대에게 무조건 존경과 복종했던 전통
적인 가치가 줄어들거나 파괴되는 큰 두려움을 가진다. 젊은 여성의
입장에서 보면 그들이 급격하게 변화하는 사회에 참여하여 자신이
얻는 교육과 통찰력을 사용할 수 없을 것이라고 두려워한다. 나이가
많은 여성은 더 젊은 여성을 향하여 질투할 수 있다. 그들 두 분류의
사람들에게 부과된 기준을 충족하지 못할 것이라고 근심할 때 열등
감은 양쪽에 문제가 될 수 있다. 두 세대가 신실한 마음을 가지고 솔

---

115) Rudolf R. Dreikurs, *The Challenge of Marriage* (New York: Duell, Sloan and Pearce, 1946), 102.

직하게 의사소통할 수 없다.

두 번째 지위로서 한국 여성이 의축되므로 남자들은 더 강하고 여자들은 더 약해진다. 이러한 사상은 여성의 아픔이 인생의 자연적인 부분이었다는 전통 사상에서 출발한다. 알프레드 애들러(Alfred Adler)는 힘을 다른 사람에 대한 우월을 위한 힘보다는 더 개인적 가치로 생각한 혁명적인 견해를 발전시켰다. 그때 가치는 개인적 고유성, 종교적 표현으로서 하나님에게로 온 재능의 관점에서 이해될 수 있다. 또 다른 사람의 가치를 이해하지 못한다면, 우리는 그 사람이 누구인지 알 수 없다. 모든 사람은 그들의 유일성과 재능을 확장할 힘을 가진다. 모든 사람은 부족한 점을 가진다. 왕이나 지배자도 그러하다. 한 사람의 가치를 발전시키기 위하여, 사람은 약점을 극복하고 일을 해야 하며 다른 사람과 협력해야 한다.

심리학적인 관점에서, 시어머니와 며느리 사이의 갈등은 역기능적인 힘을 나타낸다. 두 여성은 우월감을 가지려고 노력한다. 그들은 자신들의 자존감에 상처를 주는 가부장적 문화의 희생자들이다. 그들은 사회의 문화적 편견에 의해서 고립되었다. 비록 그들이 자기 자신들, 그들의 가족들, 그들 사회를 변형시킬 능력을 소유하고 있다고 하더라도, 그들은 아직도 그들 자신의 기능성을 취하지 않았다. 축소된 자존감 때문에, 여성은 그들 자신의 정체성을 이해하거나 정착시킬 수 없다.

알프레드 애들러(Alfred Adler)는 우월을 추구하는 것이 개인적인 제한들을 극복하고 다른 사람과 협동하는 것을 의미한다는 통찰력에 기여했다. 한국 여성은 가족 안에서 그들의 바른 위치를 정착시키기 위하여 극복하고 협동할 그들의 능력을 강화해야 한다. 알프레드 애들러(Alfred Adler) 개념의 영역에서 역시 "사회적 관심"의 발전은 여성들에게 부족하다. 한국 여성은 삶의 그물망을 발전시키고 그들에게 금지했던 가능성을 회복하기 위하여 더 강한 "사회적 관심"이 필요하다. 충분히 "사회적 관심"을 활성화면 보통 그들을 서로와 다른 사람들에게 더 공감적이 되도록 할 수 있다. 그들은 서로를 어떻게 이해하는가를 배우고 각자를 향하여 공감적인 마음을 가짐으로 그들의 갈등을 완화할 수 있다.

가족 안에서 갈등을 가진 여성은 협동의 가치를 인식하고 경쟁 없이 각자의 가치를 인식하므로 시작할 수 있다. 협동은 각자에서 가치를 유지하고 발전시키는 관계를 의미한다. 여성은 가족 안에서 그들의 가치를 배울 수 있다. 어려움에 있는 여성은 이것을 혼자 행하지 않도록 해야 하고 다른 여성과 협동하도록 해야 한다. 남성은 인간 가치에 관한 그들의 의식을 어떻게 개혁해야 하는가를 인식해야 한다. 남성은 여성을 삶의 배우자로 받아들이는 것을 배워야 한다.

알프레드 애들러(Alfred Adler)에게 있어서 사회적 관심에 대한 관점의 또 다른 부분은 시어머니와 며느리 사이 갈등에 관계한다. 인간은 그들의 환경과 상호작용하고 발전해서 그들은 그들 삶의 일을 정의하는 사회로부터 성공이나 실패의 답을 가진다.116) 사회적 관심은 긍정적으로 사회에 적응하는 주요한 표준이다. 전통적 가부장의 분위기는 여성이 그들의 능력들을 이해하고 표현하는 기회들을 억압했다. 가부장적 문화는 알프레드 애들러(Alfred Adler)가 삶의 기본적인 일들을 성취하는 데 필요한 것인 개인 평등을 제한하는 결정적인 요소이다.117)

---

116) Rudolf R. Dreikurs, *Fundamentals of Adlerian Psychology* (Chicago: Adler School of Professional Psychology, 1989), 7.

117) Alfred Adller, *What Life Should Mean To You* (New York: Capricorn Books, 1958), 276. Harold H. Mosak and S. Schneider, "Masculine protest, penis envy, women's liberation, and sexual equality,"

가족 안에서 평등이 부족하게 되어 다른 사람의 힘에 기준하여 일부 가족 구성원을 비인격화하게 되고 평가절하하게 된다. 전통적 한국 여성은 그들의 일과 역할에 관계없이 정체성도 인식하지 못한다. 그들의 사회적 관심은 자기에서 공동체로 나아갈 수 없었다. 정상적으로 사회적 관심은 자기에서 공동체로 진전되어야 하는데, 여성의 삶은 가족의 영역에 제한되었다. 사회적 관심은 그 사람이 지적으로 기능하는 중요한 부분이고 사람들이 흔히 말하기를 "상식"이라는 문제를 해결하는 능력과 관계한다.[118]

시어머니와 며느리 간의 일부 갈등은 그러한 "상식"이 결핍해서 야기된다. 여성들은 "사회적 관심"이 그들에게 가족과 사회 안에서 그들의 권리를 보호하도록 허락했다는 것을 이해하지 못했다. 관계적 힘이 부족하여 가족 갈등을 일으키는 주요 원인이 되었다. 문제를 해결하기 위한 중요한 자원인, 화해는 여성으로 하여금 관계와 서로가 이해를 쌓아 올린다. 여성은 서로를 위하여 공감적인 마음을 발달시킴으로 그들의 오랜 기간 아픔 억압을 극복할 수 있다.

5) 알프레드 애들러(Alfred Adler)와 폴 틸리히(Paul Tillich)

알프레드 애들러(Alfred Adler)와 폴 틸리히(Paul Tillich) 모두가 힘에 의지라는 니체(Nietzsche) 사상으로 영향을 받았다. 그들이 마무리한 사상들이 형식과 표현에서 크게 다른 반면에, 알프레드 애들러(Alfred Adler)와 폴 틸리히(Paul Tillich)는 인간 문제에 대한 힘을 적용하는 데

Journal of Individual Psychology 33, no. 2 (1977), 193-201에 있는 애들러(Adler)의 토론을 보라.

118) Robert W. Lundin, *Alfred Adler's Basic Concepts and Implications* (Muncie: Accelerated Development, 1980), 41-42.

있어서 많은 점에 일치하지 않는다. 폴 틸리히(Paul Tillich)에게 있어 힘이란 내적이고 외적인 저항을 극복하고 개인이 외부 세상에 참여함으로 자기-실현을 이루기 위한 사랑의 지배력을 활용하는 것으로 이해되었다. 알프레드 애들러(Alfred Adler)에게 힘이란 협동하는 사회적 관심으로부터 개인들을 막았던 개인적 열등감을 극복하고 인간 개성들의 충분한 발전을 의미했다. 알프레드 애들러(Alfred Adler)와 폴 틸리히(Paul Tillich) 모두가 개별화를 향한 노력은 모든 사람이 태어날 때 가진 특성이고 인간 노력과 주의를 통하여 오랫동안 발전시킬 수 있는 것으로 간주했다.

알프레드 애들러(Alfred Adler)와 폴 틸리히(Paul Tillich)는 역시 개인이 외부 세상에 참여함으로 정체성을 발견한다고 동의한다. 폴 틸리히(Paul Tillich)의 참여한다는 생각은 진정한 개성을 확인하고 발전시키는 과정의 일부로서 더 큰 공동체에서 다른 사람과 나눈다는 것이다. 알프레드 애들러(Alfred Adler)는 참여란 것을 가족의 구조와 사회적 연대들, 창조적 활동들로부터 오는 더 많은 공동체의 감정으로 보지만 윤리적 기능도 가지고 있다고 이해한다. 그러나 폴 틸리히(Paul Tillich)의 생각은 더 철학적이고 존재론적이다: 참여와 개별화의 원리들은 존재 자체의 구조적인 특징들이다. 인간 경험은 그들 없이는 같을 수 없다. 알프레드 애들러(Alfred Adler)에 찬성하는 중요한 요소는 더 심리학적이고 개인적이라는 점이다. 각각 개인은 인간 개성의 발달에서 적극적인 역할을 취한다. 변화들은 개인에 대한 환경의 영향부터 발생했던 것이 아니라 개인들이 그들의 환경에 취하는 태도로부터 발생했다. 그러나 알프레드 애들러(Alfred Adler)와 폴 틸리히(Paul Tillich) 모두가 강조한 점은 개인들은 개인들의 유일한 개인적 정체성들을 발전시키기고 삶에서 그들의 충만한 가능성을 알게 하고자 반드시 적극적으로 참여해야 한다는 점이다.

다음 장에서 구체적인 가족목회상담을 위한 방법론을 제시하려고 한다. 특히 애들러(Adler)의 방법론과 구조적 가족 치료의 대가인 미누친(Minuchin)의 방법론으로 한국 가족을 상담하기 위한 제안을 하려고 한다.

4. 요약

한국문화 안에서 형성되고 성장한 한국 가족의 갈등은 본래적인 갈등이 아니라 어떤 환경에 의해서 시작된 가족 갈등의 독특한 형태 중의 하나이다. 이것은 한국 가족의 갈등은 충분히 해결될 수 있고 건강한 가족으로 변화될 수 있는 우동적인 가족으로 이해할 수 있다. 그 변화의 방법을 폴 틸리히(Paul Tillich)의 신학적인 방법론으로 상관적인 사랑에 의해서 가능하다는 점이다. 폴 틸리히(Paul Tillich)의 사랑은 단순히 감정적인 사랑이 아니라 구체적이고 역동적인 변화를 추구할 수 있는 것으로 단정한다. 그리고 그 사랑은 시어머니와 며느리 사이의 갈등의 간격과 깊이를 허소할 수 있는 구체적인 동사이다. 또한 알프레드 애들러(Alfred Alder)는 두 사람, 즉 시어머니와 며느리 사이에 발생하는 갈등의 상처는 상생을 추구하는 힘과 이웃에 대한 사회적 관심으로 문제를 승화시킬 수 있다. 알프레드 애들러(Alfred Alder)는 두 사람 사이에 사회적 관심을 구체화하는 협력으로 서로의 아픔을 창조의 능력으로 만들 수 있다는 점이다.

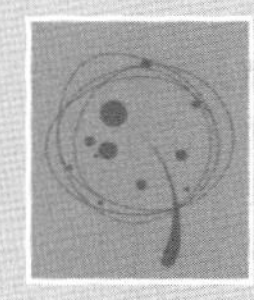

제3장

1. 가족의 목회상담

이 장은 가족목회 상담자가 가족 건강을 위하여 관계를 회복해서 고통 받는 아픈 가족을 치료하려는 다른 두 방법으로부터 통찰력과 방법을 서술하려고 한다. 만약 개인, 브부, 가족 모두가 자신이 아팠던 경험을 분명히 말할 수 있고 둔제를 해결을 위해 목회적 도움을 기꺼이 추구한다면, 상담을 통하여 치유될 수 있을 것이다.

목회상담이란 어떤 것인가? 용어를 살펴보면, "목회적"은 신앙 공동체의 구성원들을 향하여 책임의 관계와 도움이 되는 태도를 포함한다. 목회 상담자는 중요한 삶의 거룩한 이미지와 그들의 의미가 신앙 공동체에서 어떻게 확신되는가를 나타낸다. 이처럼 목회상담자는 가족 서로뿐만 아니라 거룩한 이미지와 그들의 영적인 공동체와 새롭게 관계를 이해하도록 고통 가운데 있는 가족들에게 제공할 독특한 기회를 가진다. 가족은 자신의 태도를 변화시키고 가족 서로를 공

감적으로 수용하며 신앙이 풍성한 관계가 되도록 목회상담으로 통해 깨어진 마음을 치유할 수 있다.[119]

이 장은 고통 가운데 있는 가족과 함께 목회상담에 접근하는 다른 두 치유방법을 서술한다. 한 가지 방법보다 더 많은 방법을 고려하는 것은 상담자가 상담을 준비하는 데 중요한 관점과 치우치지 않는 균형을 제공한다는 점에서 중요하다. 첫 번째로 알프레드 애들러(Alfred Adler) 학파의 가족 치료를 소개하고 두 번째는 살바도르 미누친(Salvador Minuchin)의 구조가족치료를 요약한다. 각각은 특별한 치료에서부터 통찰력을 상담 과정의 다양한 부분에 적용한다.

1) 알프레드 애들러(Alfred Adler) 가족치료

애들러(Adler)의 많은 이론은 가족을 치료하는데 중요하게 적용된다. 구룬 월드(Grunwald)와 맥가비(McAbee)는 실제로 상담하는 데 있어서 상담 기술들이 문제를 해결하려는 목적에 관하여 알프레드 애들러(Alfred Adler) 접근 방법이 매우 주요한 요소임을 설명했다. 모든 인간은 기본적으로 동일하다는 민주주의 철학으로부터 시작한다. 존경과 자유가 다른 사람에게 상처를 입히지 않는 한 모든 사람은 동등하고 존경받을 만하다. 모든 인간이 활동하는 목적은 사람들로 하여금 그들이 가지는 열등감을 극복하도록 돕는 것이고 사람들의 목적이나 이상을 완성하여 성취하게 해서 더 완벽하거나 이상적인 상태를 얻는 것이다. 극소수의 사람만이 자신의 목적을 충분히 의식하지

---

119) John Patton, "Pastoral Counseling," in *Dictionary of Pastoral Care and Cnseling*, ed. Rodney J. Hunter (Nashville: Abingdon Press, 1990), 849–850.

만 사람들 삶의 모든 부분은 이러한 목적에 이르기 위하여 통일된 노력으로 함께 일한다. 예를 들면, 개인은 자동적으로 이러한 목적에 관하여 입수되는 모든 정보를 숨긴다. 거인적 정체성은 사회의 나머지 사람과 함께 특유한 관계로부터 기인한다. 그래서 개인들은 다른 사람들과 가지는 그들의 관계를 검토하므로 오직 이해될 수 있다. 이러한 관계에 있어 훈련과 사회에서 효과적인 기능은 "사회적 관심"으로 알려진 특성을 집중적으로 개발한다. 사회적 관심은 개인의 경험과 교육을 통하여 오랜 시간에 걸쳐 발전되어야 한다. 궁극적으로 개인의 가치와 개인의 삶의 문제들 모두가 사회적 상황으로 다시 돌아가 더 큰 공동체를 위하여 가치와 문제가 된다.[120]

알프레드 애들러(Alfred Adler) 학파 치료의 독특한 목적들은 이론과 적용 사이에 틈을 메우도록 돕는 히롤드 모삭(Harold Mosak)에 의해서 요약되었다. 6개의 모든 목적이 변화해야 할 내담자의 태도를 다룰 동안, 개인적인 항목들에 대하여 언급하기 전에 모삭(Mosak)이 언급하는 전체 목록을 생각하는 것이 도움이 된다. 애들러 학파의 모삭(Mosak)이 상담자가 추구해야 할 것을 언급한다:

1. 사회적 관심을 부양하는 것.
2. 낙담에 연관된 극복할 열등감을 줄이는 것.
3. 목적들을 인식하는 가운데 변화와 큰 실수가 작은 실수로 변형을 내포할 수 있는 개인의 삶의 형태에서 변화.
4. 거짓 동기들과 거짓 가치들.
5. 같은 사회적 공동체를 나누는 다른 사람들 사이에 그 자신들의 평등을 이해하도록 격려하기.

---

120) Bernice Bronia Grunwald and Harold V. McAbee, *Guiding the Family: Practical Counseling Techniques* (Muncie: Accelerated Development 1933), 7-11. Heinz L. Ansbacher and Rowena R. Ansbacher, *The Individual Psychology of Alfred Adler* (New York: Basic Books, 1956), 1-2.

6. 단체나 사회의 도움을 주는 회원이 되도록 사람을 도움.[121]

이러한 대상 중 모두 여섯 개는 가족 구성원이 서로와 더 큰 공동체와 협력해서 수준을 높이는 목적으로 가족 구성원이 필요한 일종의 태도를 발전시키도록 근본적으로 다룬다. 이러한 여섯 개 대상들에 이르기 위해 만들어진 어떤 발전도 내담자에게 확신에 찬 협력을 하는 태도와 안전, 낙관주의, 용기의 새로운 면으로 나아가도록 고무시킨다.

첫 번째이고 전반적인 알프레드 애들러(Alfred Adler) 학파 가족 치료의 목적은 내담자로 하여금 비슷한 사회적 지역들이나 가치들을 나누는 다른 사람들과 접촉을 통하여 "사회적 관심"의 태도를 발전시키도록 돕는 것이다. 사회적 관심은 다른 사람들과 협력하는 태도를 야기하는 데 중요한 요소이다. 사회적 관심은 자기 발달에 이르는 한 사람으로부터 출발하여 세상과 건강한 연결을 시키는 데 있다. 그것은 내담자로 하여금 평등한 힘에 근거한 건전한 관계를 세우도록 한다. 사람들은 본래 자기의 문제를 해결하고 행복과 성취를 발견하도록 각각 서로에게 관계해야 하는 사회적 존재이다.

두 번째로 개인이 가지고 있는 가치를 높여야 한다는 생각은 내담자의 열등감과 낙담을 감소시킨다. 알프레드 애들러(Alfred Adler)는 항상 열등감이 가지고 있는 보편적인 문제를 어떻게 대처할 것인가 하는 것을 중요하게 설명했다. 한때 그는 "인간이 된다는 것은 자신을 정복하여 계속 압박하는 열등감을 가지고 있다는 것을 의미한다

---

121) H. H. Mosak, "Adlerian Psychotherapy," in *Current Psychotherapies*, ed. Raymond J. Corsini (Itasca: Peacock, 1979), 64. Robert W. Lundin, *Alfred Adler's Basic Concepts and Implications* (Muncie: Accelerated Development, 1989), 118.

고"122) 저술하였다. 삶이란 그 자체가 세상의 요구에 적응하는 데 자신과 갈등의 과정이다.

세 번째와 네 번째 목적은 내담자의 삶의 형태, 목적들, 동기들과 가치들에서 가능한 변화가 있어야 한다는 점을 지적한다. 변화의 필요는 종종 상담자와 내담자에 의해서 더 명백한 것처럼 보인다. 그러나 변화하려는 의지는 삶의 문제들을 해결하여 진보하려는 기본이다. 삶 형태의 변화는 실제적으로 내담자의 태도와 목적을 변화시키는 것이고 큰 문제가 작은 문제로 어떻게 변형되는가를 배우는 것도 내포할 수 있다. 효과적인 치료사는 요구될 변화와 특별한 변화들을 향해 적극적으로 태도를 전달하도록 한다. 어떤 때에 내담자들은 자신을 새롭게 이해하여 자신의 삶의 형태를 변화하는 과정으로 시작한다.

내담자가 다른 사람과 같다는 것을 인정하게 하는 다섯 번째 목적은 상담자와 치료사가 직면한 문제와 미숙련된 어떤 사람을 알 수 있는 것보다 훨씬 더 어렵다. 심각한 문제를 가진 사람은 그들이 가장 일상적인 교제에서 다른 사람들과 관계하는 방법을 이해하는 데 어려움을 겪는다. 알프레드 애들러(Alfred Adler)는 오랫동안 문화적 불이익을 받아오면서 자라온 지난날을 질문하지 않았던 문제 있는 여성들 가운데 이 현상을 알았다.123) 많은 문제가 발생하는 요인은 작거나 큰 단체에서 불평등한 권리의 태도와 생각 때문이다. 이러한 문제를 해결하는 첫 단계는 불평등한 상황을 이해하고 그것을 바로 잡겠다는 가능성을 아는 것이다. 건강한 관계는 사람들이 평등하다는 생각으로부터 온다. 사회적, 정치적, 그리고 경제적 평등은 돌보고 효

---

122) Alfred Adler, *Social Interest: A Challenge to Mankind* (London: Farber and Faber, 1938), 73.

123) Alfred Adler, *Understanding Human Nature*, (New York: Fawcett Publication 1954), 58.

과적인 인간관계들을 위해서 가장 기본적이다.

내담자가 사회에 공헌하도록 고무하는 여섯 번째 목적은 다른 다섯 개로 요약하고 다른 사람들과 협력의 태도들을 향해 동기를 요구한다. 애들러 학파 정신과 의사 루돌프 드라이커스(Rudolf Dreikurs)는

> 협동의 엄격한 규율은 모든 조화로운 인간관계의 보존을 위해 필수적이다. 삶에서 모든 실패들, 모든 불행, 실망은 협동의 필요한 규율을 무시하고 위반했기 때문이라는 것을 알 수 있다. 협동은 규칙적으로 상호작용, 보편적인 대상을 향한 조화로운 더불어 일하기, 일치와 상호 지원이다.[124]

다른 말로, 협동하는 태도는 유익한 관계와 다른 사람들에게 사랑의 연결을 세우는 데 주요한 요소이다. 그러므로 치료에서 주요한 요소는 내담자를 더 큰 세상에 공헌하도록 인도하여 협동하는 더 좋은 태도로 향해 내담자를 고무하는 것이며 그래서 개인적으로 더 큰 행복감과 성취감을 쟁취하도록 돕는 것이다.

여성과 함께 일하는 알프레드 애들러(Alfred Adler) 학파 가족 치료사는 개인 내담자와 좋은 관계를 발전시킴으로 시작한다. 이러한 관계는 친근과 평등을 나타낸다. 책상은 필요 없다. 이유는 치료과정을 방해할 수 있었던 책상이란 것이 거리와 분리를 암시할 수 있었기 때문이다. 일반적으로 지배적인 태도들은 창조적인 두 인간의 태도이다. 내담자가 어떤 문제를 만났지만 내담자는 자신의 행동에 책임이 있으며 내담자는 이 치료사로부터 도움을 추구한다. 그들의 목적은 화해하는 것이다. 이유는 효과적인 치료는 적극적인 협동을 요구하기

---

124) Rudolf Dreikurs, *The Challenge of Marriage* (New York: Duell, Sloan and Pearce, 1946), 100-101.

때문이다. 교육적인 면도 중요하다. 일부의 고통을 받는 여성들에게, 교육은 그들이 처음으로 경험하는 진정한 협동과 상호 존경일 수 있다. 치료사는 문제가 그냥 발생하는 것이 아니라 잘못된 해석으로 인하여 온다는 것을 내담자에게 교육함으로 여성들의 좌절과 불일치의 불가피한 순간에 응답하게 한다.[125]

이렇게 개인적 신뢰 관계를 강하게 발전시키는 것은 내담자의 가치와 자존심을 고무시켜 주는 근거를 제공하는 것이다. 공감적이고 신뢰하는 관계를 통하여 알프레드 애들러(Alfred Adler) 학파의 방법을 따라가는 현명한 목회상담자는 문제를 가진 개인들을 수용하고 고통 가운데 있는 그들의 가족과 사회에서 고립해 있는 가족에게 무조건적으로 은혜를 베푸는 하나님을 곧 말할 수 있다.

충분히 효과적이기 위하여, 목회상담자는 내담자를 관찰하면서 내담자의 행동들, 즉 손을 흔든다, 표정, 눈길, 걷는 방법 등의 태도들에 관하여 배울 수 있는 것은 모두를 배워야 한다. 예를 들면 지나치게 관대함으로 살아온 삶의 형태를 지닌 사람들은 어린 시절에 어머니에게 의존해 있었던 것처럼 사물들에 기대는 것을 좋아한다. 다른 관찰들은 내담자가 어떻게 일어나고 앉는가를 포함하는 일반적인 움직임을 포함한다. 종종 심지어 첫 만남이 그 사람의 사회적 태도를 알 수 있다.

알프레드 애들러(Alfred Adler) 학파의 치료사들은 문제가 점철된 삶의 형태가 안착되었을 때 무엇이 일어나는가를 발견하기 위하여 전체적 가족 상황을 조사한다. 이것은 학교 안에서 관계나 친구들과의

---

125) Robert W. Lundin, *Alfred Adler's Basic Concepts and Implications*, 120-121.

관계뿐만 아니라 초기 어린 시절 동안 가족 안에서 내담자가 어떤 위치와 영향력을 가졌는가도 포함한다.[126] 목회상담자는 알프레드 애들러(Alfred Adler)가 한 사람의 성인 삶의 형태 가운데 아주 우수한 징조들로 생각했다는 내담자의 꿈들과 초기 어린 시절의 기억을 면밀히 조사한다. 이러한 것은 가능한 먼 과거로 돌아간다. 초기의 기억은 그 사람의 기본적인 삶의 생각을 나타낸다. 예를 들면, 한 여성은 아버지가 자기를 불러서 빈자리에 앉혀서 단지 자기의 어린 남동생을 꼭 잡으라고 했다는 것을 기억했다. 알프레드 애들러(Alfred Adler)에 의하면, 이것은 다른 사람이 그녀를 더 좋아했다는 지속적인 성인에 대한 두려움을 직접적으로 관계했다. 또 다른 사람의 초기 기억은 침대에서 떨어진 것에서 그들의 성인 삶의 형태는 낙담의 태도와 실패의 두려움으로 표시되었다.[127]

드라이커스(Dreikurs)는 각각 개인의 성품이 발전되는 "가족 집합체"의 복잡한 성격을 강조했다. 각각 아이는 "가족에서 기본적으로 다른 위치를 볼 뿐만 아니라 완전히 다른 관점으로 그의 어린 시절의 모든 환경을 본다." 그러나 "실제로 부모들은 두 아이를 절대로 같이 대하지 않지만 서로에게 각각 매우 다르게 행동한다."[128] 출생 순서는 특히 첫째로 태어난 아이에게 큰 차이가 있다. 각각 아이의 개인적 상황들은 같은 가족 안에서 성인들이 매우 다른 태도와 생각을 가지도록 한다. 드라이커스(Dreikurs)에 의하면,

---

126) B. H. Shulman and H. H. Mosak, *Manual for Life Style Assessment* (Muncie: Accelerated Development, 1988), 121.

127) Alfred Adler, *What Life should Mean to You*, ed. Alan Porter (Boston: Little Brown, 1931), 79–89.

128) Rudolf R. Dreikurs, *Fundamentals of Adlerian Psychology* (Chicago: Adler School of Professional Psychology, 1989), 37.

4살에서 6살까지 개인의 아이는 확실한 성품을 발전시킨다. 그리고
성품의 근본적인 변화는 거의 정신치료를 통한 외부의 도움 없이
거의 불가능하다. 그러므로 성품은 아이가 발전했고그의 생의 나머
지 부분을 통하여 그가 고수할 어떤 계획의 단순한 발현이다…….
각각 개인은 그의 특별한 계획을 위하여 봉사할 수 있는 것으로 나
타나는 특별한 방법들과 수단들 찾을 것이다. 개인들의 특별한 삶
의 계획으로부터 그의 특징을 나타내고 그가 하는 모든 것을 독특
하게 하는 삶의 형태를 발전시킨다.[12)]

이처럼 목회상담자는 갈등 가운데 있는 다양한 가족들의 개인적인
심리들을 우선 이해하여 가족 갈등의 문제들에 관심을 두고 다룰 수
있다.

내담자를 돕는다는 것은 그들의 열등감과 태도들이 그들의 문제와
어려움에 연합하여 어떻게 그들을 곤궁한 처지로 빠지게 하는가를
이해시키는 것이다. 드라이커스(Dreikurs)에 의하면 목회상담자의 일
은, "자기 인정을 획득"하도록 돕는 것이다.

그들을 치료하는 유일한 방법은 그들이 자신들의 대상들을 변경시
키고 그들의 동료에 대한 태도를 교정하도록 돕는 것이다. 심리적
치료에서 성공은 소심하고 낙담돈 사람들로부터 삶에서 두려움이
없는 협력자를 만들 치료사의 능력에 의존한다. 이것은 심리치료의
가능성들과 치료사가 감수해야 하는 어려움들 모두를 제안한다.[130)]

치료사의 방법은 "우울한 사실들을 직면"하도록 고무해야지 포함
된 문제를 피하지 말아야 한다. 치료사는 "내담자의 자신의 자기-확
신을 회복하도록 낙담된 사람을 돕는 연민이 있는 친구 그 이상처럼

---

129) Ibid., 43-44.
130) Ibid., 85.

보여야 한다."131)

내담자 문제 해결은 상담을 받는 내담자의 삶을 포함하는 모든 개인적 삶의 중요성과 가치를 새롭게 이해하여 열등감을 감소시키는 데 달려 있다. 개인적 힘은 이론적으로 최소한 모든 사람이 요구할 수 있는 보편적인 가치이다. 알프레드 애들러(Alfred Adler) 학파를 따르는 사람들은 개인의 독특성이라는 관점과 또한 개인 사이에 경계로서의 가치를 이해한다. 힘의 보편성에 대한 생각은 모든 사람들이 삶에서 그들 자신의 경계를 설치하는 데 참여할 수 있는 유일한 실체로서 수용되어야 한다. 알프레드 애들러(Alfred Adler) 자신은 "많은 변수에서 심리적으로 움직이는 방향이 모든 종류의 어려움을 극복하는 것에 목적을 둔다. 이와 같이 그것은 개인의 의미와 선택에 있어서 완벽, 안전, 완전이라는 목적을 취한다."132)

이처럼 알프레드 애들러(Alfred Adler) 학파 가족치료사는 가족 안에서 힘이 문제 상황을 영구화하는 것을 어떻게 변화시킬 것인가에 대한 방법을 찾는다. 상담자는 우월성, 완벽함, 성취를 추구하든지, 각각 가족 구성원 안에서 인간 노력의 가장 기본적인 형태인 본래적 "힘에 의지"라는 강한 존재에 의존한다.

이러한 힘 조정이라는 알프레드 애들러(Alfred Adler) 개념은 목회상담자를 시어머니와 며느리 사이에 사람들과 같이 그러한 가족 갈등들을 이해하고 다루게 할 수 있다. 가슴 아픈 고독과 아픔의 감정들과 태도들은 어디론가 사라질 수 없는 것처럼 보이는 열등감과 무력함을 나타낸다. 이유는 그것이 전통적인 지배 문화를 지지하는 것

---

131) Ibid., 89.

132) Alfred Adler, *Superiority and Social Interest* (New York:: W. W. Norton, 1979), 56.

처럼 보이기 때문이다. 그러한 힘이라는 문제에 역점을 두고 다룸으로 가족 안에서부터 만들 수 있는 변화의 새로운 태도를 이해하게 할 수 있고 그들 자신의 태도와 당면한 거인적인 관계로 변화하게 한다. 힘의 문제들을 이해하고 서로가 어떻게 관련을 지우는가는 가족의 가부장적인 힘 체계가 다양하게 사로은 효과를 나타낼 수 있다. 전반적인 가족 힘의 역동성을 이해하는 좋은 목회상담자는 가족이 가지고 있는 힘의 체계에서 오랫동안 중요한 변화를 가져올 수 있는 특별한 전략을 제안할 수 있다.

목회상담자가 더 건설적인 관계들을 수립하는 것을 도왔고 치유와 화해를 위한 처방을 한 후, 가족의 힘 가운데 돌봄이 실천적인 변형들을 세울 수 있다. 그 방법은 가족 안에서 하나님의 사랑과 자유를 생기게 하는 의롭고 창조적인 힘을 새롭게 정립해야 한다. 목사의 장기간 목적은 가족 가운데 특히 시어머니와 며느리의 갈등에서 그들을 도와서 희망을 제공하고 악을 멀리하여 그들이 각각의 힘을 이상적으로 분배하게 한다. 목사는 하나님의 선물이 각 사람들에게 자신들은 독특하고 유일하다는 것을 그들에게 생각나게 할 수 있다. 하나님의 이러한 선물을 가진 누구도 다른 사람과 진정으로 비교할 수 없다. 각각 사람은 독특하다. 누구도 다른 사람을 학대하지 말아야 한다. 이유는 하나님이 그들 사람들 중 모두 각각 사람을 독특하게 창조하셨고 중요한 존재로 만드셨기 때문이다. 사람은 자기 자신의 영역을 단순히 통제하지 않게 위하는 것이 아니라 역시 다른 사람들에게 공헌과 유익을 끼치기 위하여 자신의 영역을 지켜야 한다. 그것은 바로 하나님이 인간을 독특하게 창조한 방법이다.

2) 살바도르 미누친(Salvador Minuchin)의 구조적 가족치료

살바도르 미누친(Salvador Minuchin)의 구조 가족치료는 환경과 상호
작용이라는 철학에 기초한다. 살바도르 미누친은 이러한 가족치료의
철학을 "사회 환경 안에서 개인에게 접근하고 가족조직을 변화할 목
적으로 인도하는 이론과 기술들의 모체로서" 서술했다. 가족 구성원
은 "사회단체들이 행동하고 반응하는" 경험이 "내적이고 외적인 구
성요소들 모두에 의존한다고 생각한다." 그리고 환경 안에서 긍정적
인 영향과 부정적인 영향 모두를 취하는 쌍무적인 반응에 의해서 "결
정된다."[133]

가족 상담자는 계급제도와 가족 안에서 일련의 행동들과 반응들을
변화시켜 고통을 완화하려고 한다. 그 과정은 세 가지 단계를 동시에
수행한다: (1) 알맞은 관계를 수립하기 위하여 "가족에 합류하기" (2)
조사와 발견이라는 과정을 통해 가족의 문제를 진단하기, (3) 가족 관
계를 개선하기 위해 유익한 방법들을 제안하여 가족 안에 있는 힘을
재구성하는 것이다. 살바도르 미누친(Salvador Minuchin)의 말에 의하면,

> 치료사의 기능은 가족체계의 변형을 촉진하여 확인된 환자와 가족
> 을 돕는다. 이 과정은 세 가지 주요단계를 포함한다. 치료사는 지
> 도의 위치에서 가족에 합류한다. 치료사는 근원적인 가족 구조를
> 밝혀내고 평가한다. 그리고 치료사는 이 구조의 변형을 인정할 환
> 경을 만든다. 실제 치료에서, 이러한 단계들은 분리될 수 없는 것
> 이다.[134]

---

133) Salvador Minuchin, *Families and Family Therapy* (Cambridge: Harvard University Press, 1974), 2.
134) Ibid., 110-111

치료사는 가족 체계의 한 구성원으로서 그 자신이 개입하여 상호작용의 부분을 형성하므로 이러한 단계를 성취한다.

처음이자 중요한 생각은 치료사가 진행하는 가족체계에 연합하고 치료사가 가족 체계에 참여하여 가족체계를 변화시킨다. 각 가족은 어떤 반복적인 행동의 결과로 지배되고 유지되는 "항상성 체계"로 간주되고 "유능한 치료사는 가족이 치료사에게 반응해야만 하는 방법들 때문에 사람들이 서로에게 반응하는 방법들을 변경하여 이러한 결과들을 변화시킨다."[135]

이러한 정의에 의하면 상담이란 개입하는 것이다. 목회상담자는 현존하는 상호작용의 형태를 발견하고 어떤 변화가 문제를 해결하는 데 도움이 될 것인지를 결정하며 그들의 관계를 재구조화하기 위하여 가족과 상호작용한다. 개입으로서 치료란 변화를 위한 통찰이나 느낌의 표현에 의존하는 치료와 극명하게 대조된다. 그리고 재학습이란 근본적인 변화의 형태라는 견해를 채격한다. 치료는 개별적인 행동을 진행하는 부분, 가족 상호작용의 연속적인 결과, 그리고 결과들이 점점 더 유연하고 알맞은 방향에서 서열이 명백해지고 변경될 때 행동은 변화 될 것이다.

(1) 첫째 단계: 가족에 연합하기

살바도르 미누친(Salvador Minuchin)의 구조 가족치료는 치료사가 "가족에 합류하기"로 시작한다. 그는 치료사가 가족 구조를 조사할 수 있기 전에 먼저 문화에 합류해야 하는 문화 인류학자에 비유한

---

135) Jay Haley, *Problem—Solving Therapy* (San Francisco: Jossey—Bass, 1976), 119.

다.136) 가족의 특성은 문화로서 검증될 수 있고, 치료사가 전체 가족 구조에 영향을 미치는 가족의 문화를 우선 알지 않고 연구 없이 가족의 갈등에 들어가지 않는다는 것이 중요하다. 오직 가족의 유일한 상호작용의 형태들 만이 치료사들을 가족 체계의 구성원으로서 수용할 수 있다.

한국 가족에서 갈등하는 여성의 상황이 좋은 실례를 제공한다. 유교는 가족의 일을 엄격히 사적인 것으로 생각하고 좋든 그렇지 않든, 개인적인 문제를 외부에서 알게 되면 커다란 수치와 당혹감을 가져올 수 있다고 생각한다. 오늘 한국에서 이것이 만성적이라고 하더라도 가족 안에서 가족 갈등은 계속 심각한 허물로 간주되고 가족의 명예를 위하여 비밀로 지켜져야 한다.

가족에 합류한다는 것은 가족 구성원이나 가족 체계에 관련된 것을 목적으로 한 치료사가 행동을 강조한다.137) 가족에 합류한다는 것은 기술보다는 태도를 더 강조하고 모든 치료적 행위들이 발생하는 우산 하에 있는 것이다. 합류하기는 치료사가 그들을 이해하고 그들을 위해서, 그들과 더불어 일하고 있다는 것을 가족들에게 알리는 것이다. 한국가족의 갈등 상황에서, 좋은 치료사는 갈등 가운데 있는 여성을 진실하고 공감적인 마음으로 대한다. 그들은 시어머니와 며느리 모두에게 좋은 친구이다. 충분한 인간으로서 시어머니와 며느리 모두를 수용하는 것이 첫 단계이다.

살바도르 미누친(Salvador Minuchin)은 합류하기란 치유적 과정을 함

---

136) Ibid., 225.

137) Salvador Minuchin and Charles Fishman, Family Therapy Techniques (Cambridge: Harvard University Press, 1981), 31.

께 유지하는 접착제이지만 합류 과정은 가족 구성원들에게 단순히 지지하는 것 이상으로 나아가야 한다고 주장한다.[138] 훌륭한 치료사는 종종 예상치 않은 방법으로, 아마 역기능적 행동과 습관들에 도전을 주기 위하여 여성을 직면하게 해야 한다. 그리고 이와 같이 가족 상담의 구체적인 개입이 일어난 일들을 더 잘 해결한다는 소망을 준다. 무엇보다도, 상담자는 서로와 그들의 갈등에 관하여 공감적 이해를 발전하도록 그들을 돕는 여성과 같은 세계관으로부터 일을 해야 한다. 진정한 하나 됨의 회복은 미래에 그들의 사고와 행동을 변화시킬 극적인 방법이다.

합류는 변화하는 가족을 과정으로부터 분리시킬 수 없다. 치료사의 합류는 사실들을 변화시킨다. 그것은 치료의 한 부분에 국한되지 않는다. 합류는 모든 개입과 더불어 강조한다. 만약 치료사가 치료의 과정에서 전심으로 합류하지 않는다면, 결과는 허무하고 긴장이 남을 것이다.

(2) 둘째 단계: 문제를 진단하기

살바도르 미누친(Salvador Minuchin)의 구조가족 치료에서, 진단은 가족에 합류 후에 치료사가 경험한 것과 관찰한 것들로부터 진전시키는 활동하는 가설이다. 가설에는 두 단계가 있다: (1) "치료적인 체계를 형성할 가족에게 치료사의 조정 단계이고", (2) 가족의 상호작용과 더불어 치료사의 경험을 평가하는 단계이다. 평가하는 과정 동안에, 상담자는 각각 가족 구성원 "문제의 개념화"를 확장하려고 한다.

---

138) Ibid., 32

각각 개인의 견해의 관점은 전체적 가족의 관점뿐만 아니라 다른 사람들의 관점들의 견해를 이해하는 것에 보충되어야 한다.139)

가족 상호작용을 더 잘 평가하기 위하여, 상담자들은 여섯 가지의 중요한 영역들에 초점을 두어야 한다: (1) 가족에 의해서 선호된 독특한 교류형태들, 그리고 가능한 대안들, (2) 가족의 "정교화와 재구조화할 유연성과 능력"을 드러내는 "동맹, 연합들, 그리고 하부조직들"의 체계에서 변화들, (3) 개인행동들에 대한 가족의 "공명" 혹은 "민감성", (4) "가족 생태학에서 지지하고 강조하는 가족 삶의 환경과 자원들", (5) 가족의 "발달단계"와 "그 단계에 적합한 일들의 수행" 그리고 (6) 증상들은 어떻게 가족이 선호하는 교류형태들에 적합할까, 즉 문제를 야기하는 바로 상호작용 형태들을 유지하기 위하여 증상들이 어떻게 도움이 될까이다. 모두 이것은 치료사로 하여금 가족 체계를 시험하도록 허락하는 "합류의 상호작용 과정"으로 나타난다.140)

이런 종류의 분석에 의하면 한국 가족 안에서 시어머니와 며느리 사이에 있는 가족 갈등이 가족 전통과 문화에 깊이 혼합된 복잡한 현상이라는 것을 보여준다. 주요한 가족 토론에 참여할 수 없는 여성들은 다른 여성들과 사소한 의견 불일치와 시시한 언쟁들이 되는 덜 중요한 문제들에 초점을 두는 경향이 있다. 그러한 갈등은 쉽게 감정적인 불일치와 신체적 질병에 이르게 할 수 있다. 더욱더 중요한 가족 일에 관하여 결정할 기회가 없는 여성은 다른 가족으로부터 불행, 분노, 혹은 심지어 폭력을 불러일으키는 심각한 문제가 되는 행동을 발생시킬 수 있다. 왜냐하면 모든 이러한 상황의 중요한 요인은 가족

---

139) Minuchin, *Families and Family Therapy*, 129.

140) Ibid., 130.

안에서 한결 갖지 않고, 힘의 부등한 분배 때문이다.

가부장적인 성차별주의 논리는 주도권을 가지기 위하여 갈등하는 여성들에게 미친다. 시어머니는 가족들 가운데서 첫째가 되어야 한다고 자동적으로 생각한다. 동시에 더 젊은 세대로부터 며느리는 많은 좋은 교육을 받았고 가족의 일을 경영하는 데 도움이 되기 위하여 그것을 사용하기를 원한다. 두 사람의 능력에 상관없이, 그들은 가족 전반에서 각각 서로의 유일한 권리들과 자기 - 정체성을 수용해야 함에도 그들은 갈등 안에 있게 되고 그들의 역할이 훨씬 더 혼미해진다.

심리적 내면화의 과정은 바로 관계들이 자기를 어떻게 만드는가에 달려 있다. 아이가 학대를 받았을 때, 파괴적 관계는 부각하는 자기에 의해서 내면화된다. 심지어 학대 그 자체의 기억이 없다면, 내면화의 과정이 성인 자기의 구조에 영향을 미친다는 것이 분명하다. 두 여성의 자기는 어린 시절 이래 가부장적 가족체계로부터 고통을 받았다. 환경이 그들의 자기를 왜곡시켰다. 관계들은 바로 자기의 경험을 이루는 본질이다. 갈등은 고통과 고립을 경험한 각각 여성에게서 내면화된 자기로부터 이루어졌다. 심리적 진단은 여성이 자기를 치유하고 발전시킬 수 있는 대안들을 이끌 것이다.[141]

갈등이 있는 시어머니, 며느리와 일하는 좋은 목회상담자는 이러한 여성들이 과연 그들답게 그들의 문제들을 어떻게 다루는가를 발견하기 위해 살바도르 미누친(Salvador Minuchin)의 구조치료를 활용할 수 있다. 치료의 첫 단계에서 두 여성과 더불어 라포를 발전시킨 후에, 목사는 두 번째 단계에서 현재 문제들을 만들고 격화한 상호작용 형태

---

141) James Newton Poling, *The Abuse of Power: A Theological Problem* (Nashville: Abingdon Press, 1991), 96.

들에 관하여 가설들을 발전시켜 다양하게 발견된 기술들을 사용한다. 세 번째 단계에서 이것은 가족 구성원들에게 유효한 상호교류 형태들의 범위를 증가하기 위해 중재 계획들을 발전시킨다. 이상적으로, 중재의 계획은 두 여성의 인간 가능성을 발전시키고 가족 안에서 미래 힘이 학대적으로 사용되는 것을 방지할 안내로서 공헌할 것이다.

(3) 셋째 단계: 관계를 재구성하기

살바도르 미누친(Salvador Minuchin)이 제안한 처방은 가족 힘의 구조를 다시 배열하는 것이다. 치료사는 지금의 문제를 완화시키며 안정되고 명확한 힘 관계 안에서 잠재적 행동이 반복되는 범위를 증가시키는 새로운 상호작용 형태들과 더불어 그들의 가족을 재구성하여 가족 구성원들을 인도한다. 가족을 재구성하는 것은 치료에서 가장 중요하고 마지막 단계이다. 치료사는 가족 구성원들을 중요한 일에서 인도할 동안 권위를 유지해야 한다. 살바도르 미누친(Salvador Minuchin)은 "재구성하는 작업"을 "치유적인 변화를 강요할 때 가족을 직면하게 하고 도전시키는 치료적 중재들"로 정의하고 재구성의 일곱 가지를 설명한다: "가족 교류형태들을 실현하기, 경계들을 만들기, 고통을 가중하기, 숙제주기, 증상들을 활용하기, 조작하는 분위기, 그리고 지지하기, 교육하기, 혹은 인도하기."[142]

이러한 치료의 형태는 가족들이 오랫동안 묻어 두고 무시한 가족 교류 형태들을 활성화하여 가족들이 그것들을 발견할 수 있는 대안적인 교류형태들을 활용했다고 추정한다. 한국 가족 갈등에 있어서,

---

142) Minuchin, *Families and Family Therapy*, 138-140.

시어머니와 며느리 두 사람은 그들이 묻어 두었고 무시했던 의사교류에 관하여 말하도록 격려해야 한다. 그래서 그들이 자신들만의 독특한 특기들을 확장할 새로운 방법을 자신으로부터 배울 수 있다.

좋은 목회상담자는 다시금 집에서 구체적 조정을 역시 제안할 수 있다. 다른 공간을 사용하는 것이 가깝거나 먼 의사교통을 할 수 있다. 상담 회기 동안 사람들이 자신들을 어떻게 배치하는가를 관찰하는 것은 그들이 자신들의 가족, 그들의 "동맹과 연합", 그들은 중심과 고립의 감정, 그들이 느끼는 거리감에 관한 실마리를 제공한다. "공간적 조정은 단순하게 힘을 취한다. 생생한 웅변은 치료사의 메시지를 부각시킨다."[143]

현명한 목회상담자는 갈등 때문에 힘들어하는 가족 구성원에게 가족이 새로운 경계들을 표시하게 할 수 있다. 다양하게 가족 문제들은 너무 경직되거나 느슨한 가족 하위체계들 사이에 경계들을 포함한다. 치료사들은 눈에 보이지 않는 이러한 경계들을 찾으려고 노력할 수 있고 가족 구성원들의 도움과 함께 경계들을 특별한 문제들로 알 수 있다. 그때 치료사는 문제를 완화하기 위해서 가족 구성원들 사이에 거리를 적당하게 더 하거나 줄이는 등의 변화를 추천할 수 있다.

한국 가족들에서 시어머니와 며느리 사이 갈등은 살바도르 미누친(Salvador Minuchin)이 말하는 경계 문제를 가진 가족 안에서 전형적인 "엉긴 하부체계"로 나타낸다. 밀접하게 관련된 가족들은 종종 안전도를 높이지만 독립과 자율을 희생한다. 살바도르 미누친(Salvador Minuchin)이 서술하기를,

---

143) Ibid., 144.

한국 가족의 시어머니와 며느리 사이 갈등은 두 여성 사이 약한 경
계 때문에 이루어진다. 시어머니는 아마 통제 하의 가족 일을 유지하
려는 "가족 지킴이"로서 인정되기를 바란다. 그래서 개인적으로 그녀
를 위협하는 것이 새로운 생각들일 수 있다. 가족과 사회로부터 그녀
의 고통스러운 고립의 경험들이 그녀로 하여금 새로운 며느리로가
아니라 그녀가 이미 있는 가족에 대하여 침입자로 생각해서 어떤 사
람에게 보상을 기대한다. 그녀가 힘을 남용하여 심리적으로 마음의
평화를 회복할 그녀에게 갈등으로 나타난다. 그 아들의 결혼은 그녀
의 행복을 의미하지만 또한 가족의 힘이 상실되는 것을 의미한다. 심
지어 더 젊은 여성에게 힘을 양보할 때, 시어머니는 계속 한국 가족
문화에서 그녀가 가지고 있는 전통적인 위상을 유지하려고 노력한다.
시어머니는 계속 광범위하게 심리적, 지리적 영역에 침입할 힘을 소
유하고 있다. 시어머니는 계속 다른 가족 구성원들—남편, 아들, 심지
어 손자들—에게 교육과 양육에 관하여 영향을 미치기를 원한다. 그
리고 시어머니의 지위를 합리화하기 위하여 효의 덕목을 사용할 수
있다.

동시에 젊은 며느리는 가족 안에서 육체적이고 심리적으로 자기

___

144) Ibid., 143-144.

자신의 영역을 발전시키려고 노력을 하였다. 그리고 며느리는 어떤 저항도 이성적으로 정착된 가족을 보호하는 방법들이라기보다는 오히려 개인적으로 공격하는 것으로 생각할 수 있다. 며느리는 자신의 새로운 가족을 행복하게 하기 위해서 창조적이고 신선한 생각이 있지만 이러한 것은 오랜 세월의 아픈 가족 경험으로 인하여 발생하는 이미 있는 생각과 갈등이 나타날 수 있다. 며느리는 아마도 더 나이가 많은 세대로부터 개입 없이 그의 아이들을 교육시키기를 원한다. 그러나 젊은 며느리 세대들은 전통이 어떤 교육에도 기본적이라고 생각한다. 며느리는 자연히 그가 배운 지식과 함께 전반적으로 가정을 운영해 가는데 참여하기 위해 자신기 배운 지식을 사용하기를 원한다. 그러나 그들이 가진 지식은 기존의 생각을 가진 나이 든 세대가 생각하는 방식과 매우 다르게 들릴 수 있다. 간단히 말하면, 며느리는 가족 안에서 자신의 경제적, 신체적, 그리고 정서적 힘을 발전시키고 싶지만 아무런 실패 없이 며느리 자신의 경계를 확장시키려고 노력은 하지만 이미 기존의 정착된 힘의 구조들과 어떤 개인의 경계 확장에 전혀 우선권을 두지 않는 가족 안에서 자기 자신을 발견한다.

이러한 상황에서, 시어머니나 며느리는 두 여성에게 합법적으로 필요한 것을 고려하여 명백하게 일할 수 있는 경계를 정착하지 못했다. 상담자는 가족 구성원 사이의 심리적 거리, 시간, 가족 구성원 상호작용 형태에 특수한 경계를 만드는 방법을 위해 건전한 가족 하부 체계를 구성하도록 도울 수 있다. 적당한 심리적 거리는 더 큰 가족 단위 안에서 자신들은 누구이며 가족들이 완성하기를 원하는 것이 무엇인가를 알아야 하는 힘을 상징한다. 강하게 갈등하는 생각들은 "지나치게 연루된 두 사람" 안에서 이러한 과정들을 혼란하게 한다.

욕망과 원함에 의해서 가려진 진정한 정체성과 더불어, 갈등을 겪는 가족 구성원들이 그들의 일에 관하여 쉽게 잘못된 결정을 할 수 있다. 상담자는 신체적으로 더 가깝거나 분리가 바람직하다는 인지적 지표를 사용할 수 있다. 살바도르 미누친(Salvador Minuchin)은 몇 구절을 제안한다: "네가 그의 목소리를 취해라.", "너를 위해 답한다면, 말할 필요 없다.", "환각을 일으키는 소리는 심지어 너의 소리가 아니야."145) 치료사는 지나치게 가깝게 연루된 두 사람 가운데 있는 사람에게 신체적으로 더 멀리 떨어져 있으라고 할 수 있다.

상담자는 상호교류에 포함된 시간을 확장하거나 연장하여 하부체계를 한정하거나 그들을 분리시킬 수 있다. 그것이 교류의 강도를 증가하거나 감소시킬 수 있다. 이러한 상황들 안에서 교류가 일어난다는 사실이 어떤 교류가 일어난다는 내용보다 더 중요하다.146) 갈등이 있는 사람들이 그들의 교류에 집중하는 데 얼마의 시간을 사용하는가? 그들은 얼마나 오랫동안 같이 있는가? 치료사는 내담자들에게 갈등과 긴장을 누그러뜨리고 화해를 위하여 기회들을 개방하도록 고안된 따뜻한 분위기를 제공한다. 두 당사자가 관계의 이해에서 긍정적인 변화들을 보기 시작한 이래 그들의 상호작용하는 힘의 균형이 곧 다시 조정될 것이다.

가족의 힘을 재구조화하는 또 다른 방법은 어떤 일을 그들에게 할당하는 것이다. 일들은 가족 구성원들에게 역할을 부여하는 내부의 틀을 창조한다. 일들은 그들에게 일이 필요하고 가족 교류의 흐름에서 자연적으로 발전하지 못할 수 있을 탐구의 영역을 실현하고 정확

---

145) Minuchin, *Families and Family Therapy*, 147.

146) Ibid., 154.

하게 위치를 지정한다. 역시 상담자가 일을 사용하게 함으로 전반적으로 가족 구조를 더 특별히 다루게 하고 특별한 개인 가족 구성원들에게 초점을 두는 것보다는 오히려 가족의 교류형태들을 다루어야 한다. 즉, 숙제는 집에서 해야 할 할당된 효과적 일일 수 있다. 가족 구성원들이 할당된 숙제에 일하면서 반응할 때, 효과적으로 가족 구성원은 그들과 함께 치료사를 집에 데려오는 것이다. 그 일은 가족이 갈등 가운데 있는 사람의 갈등과 어려움을 극복할 방법들을 추구하는 사람들을 문제 - 해결자로 변형할 자극을 제공한다.[147]

만약 가족 구성원들이 정직하게 숙제들을 한다면 그 숙제라는 일은 가족 교류형태들을 변화시킨다. 대부분 한국 가족에서, 며느리와 시어머니는 정상적으로 함께 일을 하지 않는다. 왜냐하면 그들은 가족 안에서 다른 계급에 속했기 때문에 나눈 일들이 하는 일은 그들을 화해시킬 수 있다. 그들이 그들 사이에서 일을 토론했기에, 그들은 서서히 서로를 더 잘 이해하도록 발전한다. 그들의 모든 교류 형태들은 더 잘 이해할 수 있게 나아갈 수 있다. 예를 들면, 만약 치료사가 손자의 교육에 관한 어떤 중요한 것을 시어머니와 며느리 두 사람에게 제안한다면, 그들은 서로가 생각하면서 논의를 나눌 수 있다. 모두가 그렇게 서로 나눈 생각들이 다른 사람들의 생각들에 대하여 고려하지 않았던 그들의 앞선 공격성의 형태로부터 조금씩 협력하여 멀리 떨어진 그들의 교류형태를 변형하도록 더 가까이 이동시킨다. 가족 문제의 합류 토론은 교류 형태를 거선하기 위한 강력한 방법이다.[148]

요약하면 한국 가족에서 시어머니와 며느리 간에 힘을 다시 세우는

---

147) Minuchin, *Families and Family Therapy*, 150-152.
148) *Family Counseling Example*, May 1999.

것은 시어머니와 며느리가 소유한 숨겨진 재능을 활성화하도록 허락하는 것이다. 더 좋은 경계를 만든다는 것은 두 여성을 자율성 있게 하고 상호 의존하도록 이동하는 것이다. 나눔의 일은 교류의 형태를 더 친밀하게 만들며 서로가 더 잘 이해하게 하는 계기를 제공한다.

3) 요약

목회상담자는 고통 가운데 있는 가족에게 신체적이며 정서적인 건강을 향상시키고 특히 전통적인 한국 가부장 문화의 희생자인 시어머니와 며느리 사이 갈등을 화해하도록 돕기 위하여 알프레드 애들러(Alfred Adler)와 살바도르 미누친(Salvador Minuchin)의 통찰력과 방법들을 이용할 수 있다.

목회상담의 목적은 사람들과 환경들 사이의 무너진 관계들로부터 인간성을 회복하기 위함이다. 좋은 목회상담자는 내담자를 건강한 인간성의 태도와 창조적인 힘으로 이동하기 위하여 공감적 수용과 정의로운 관계의 이상을 이용한다.

시어머니와 며느리 사이의 갈등은 낮은 자존감, 불공평한 관계들, 힘의 남용을 포함하고 있기에, 상담자는 공감적 사랑과 다른 사람들의 무조건적인 수용을 예증하고 증가시킴으로 화해를 오직 성취할 수 있다. 가족 구성원은 모든 관심에 대하여 가족 교류 형태를 더 지지하고 고무적으로 만들도록 용기를 받는다.

그러나 만성적인 중요한 문제의 성격은 보편적으로 장기 상담이 필요하다. 힘을 공유하는 태도에 이르기까지 힘을 지배하는 개인적인 태도와 이해를 변화시키는데 시간이 걸린다. 깊이 묻힌 태도와 힘의 구조를 변화시키는 데 시간이 걸린다. 그러나 전체 가족의 이해와 힘의 사용에서 변화가 없다면, 심지어 가장 좋은 상담자도 중요한 문제에 큰 영향을 끼치지 못한다. 가족 구성원들 사이에 통전적인 화해를 얻기 위하여, 목회상담자는 내담자를 향하여 건강하고, 지지적인 태도와 관계가 가족 안에서 모든 사람을 고무하고 생산적인 힘 균형을 향하여 이동해야 한다.

2. 여성들의 강화

고통 받은 여성을 강화하는 과정은 포함된 많고 복잡한 문학적, 철학적, 그리고 신학적 문제들 때문에 분리 치료가 필요하다. 가족과 공동체에서 바로 관계적 힘의 부재가 효과적으로 여성들의 인간성을 부정하여서 강화는 더 건강한 관계들을 위하여 필요하다. "개인적 강화는 연관 즉 서로가 공감적이고 강화하는 관계를 정착하여 더 큰 힘의 렌즈를 통해서만 볼 수 있다. 이처럼 이것이 부상하는 개인적 강화와 관계적 상황은 항상 동시에 고려되어야 한다."[149]

고통 받은 여성은 서로에게 공감적이고 강화하는 관계를 통하여 서로가 힘을 받을 수 있다. 충분히 인간이 된다는 것은 개인적인 힘을 고취하고 발전을 도모하는 진실하고 의로운 관계를 가지는 것이다. 여성이 힘을 받을 수 있는 가장 중요한 장소는 여성이 전에 침묵했던 영역이다. 해결 방법은 침묵을 깰 수 있는 언어를 발견하는 것

---

149) Janer L. Surrey, "Relationship and Empowermen," *Women's Growth in Connection: Writing from the Stone Center*, ed. Judith V. Jordan (New York: Guildford Press, 1991), 164.

이고 학대의 체계들을 변화시킬 강한 지지의 행동을 제공하며 더 이상의 해악과 폭력을 방지하는 것이다. 이 장은 여성의 인간성 회복을 돕는 데 유용한 몇가지 요소를 서술한다.

1) 침묵과 침묵을 깨기

앞에서 언급했듯이 한국 가족은 그들 가족 상황에 관하여 폐쇄적인 생각이 있다. 한국 가족은 외부인에게 자신이 경험한 가슴 아픈 사건에 관해 말하기를 좋아하지 않는다. 이처럼 시어머니와 며느리 사이의 아주 무시무시한 갈등의 고통이 드러나지 않았고 실제로 공개적인 태도와 정책에서 침묵 되었다. 희생자들은 침묵을 수십 년 동안 유지하고 절대로 말하지 않는다. 최근에, 젊은 여성은 자신의 아픔과 소망에 관하여 말할 새로운 힘을 발견했다. 저자는 젊은 부부를 위하여 인도한 최근 성경 연구에서, 한 젊은 부부는 시어머니와 며느리 사이 갈등의 원인을 알고 싶으니 도와 달라고 요청했다. 젊은 부부는 그 문제를 자유롭게 논의했고 심지어 가슴 아픈 사건을 앞으로 방지할 방법을 제안하기도 했다. 그러한 사람들이 말하듯이, 사회적으로 금기시된 것으로 엉켜진 망이 해결되기 시작한다. 다른 한편으로 침묵은 희생자를 보호하지 않았지만 오직 희생한 것을 영구히 보존한다.

침묵과 사회적 금기시된 것을 보호하지 않는다면, 시어머니와 며느리 사이 갈등은 그 갈등 실체가 진정으로 무엇인가, 악의 힘 학대가 드러난다. "악을 향한 저항은 사람과 단체들을 침묵, 언어 그리고 행동에 있는 악에 맞 설 수 있게 하는 자유스럽고 비평적 의식의 모습이다."150) 인간이 된다는 것은 인간성을 억압하고 왜곡하는 악에 저항하는 방법들을 찾는 것을 의미한다. 폭력이나 폭력의 위협은 항상 악의 한 모습이다. 힘의 학대는 체계들에 의해서 강화되었고 지금도 강화되고 있으며 사람들에 대한 폭력을 유지했고 현재도 유지하고 있으며, 어떤 지지, 공동체 혹은 조직화된 저항력의 유사한 모양을 파괴할 신중한 시도들로 강화되었고 계속 강화되고 있다.

악에 대한 저항은 종종 침묵의 형태를 취한다. "침묵은 복종으로서 해석되지 말아야 한다."151) 제임스 폴링(James Poling)이 썼던 것처럼, 침묵은 그 자체로서 강력한 메시지를 가지고 있다:

> 침묵하게 되는 것은 그것을 영구화하지 않고 악이 들려지지 않을 수 없을 때 말하기를 거부하는 것이다. 침묵하게 되는 것은 힘을 가지지 않는 말들을 거부하는 것이다. 침묵하게 되는 것은 행동 없이 화내는 것이다. 침묵하게 되는 것은 눈물 없이 슬퍼지는 것이다. 침묵하게 되는 것은 악이 말씀들을 퍼배시키지 못할 때 영원한 하나님의 침묵에 합류하는 것이다. 침묵은 악에 동의하는 것이 아니다, 비록 침묵이 지배적인 힘에 의한 그러한 방법이 종종 이해된다고 할지라도. 종종 악은 영적이고 혹은 신체적 폭력의 위협의 임재를 지적한다. 그러므로 침묵은 저항의 한 형태일 수 있다.152)

그럼에도 침묵은 종종 압도하는 힘어 드러내놓고 두려움을 나타낸다. 한국 여성은 여성에 대한 함의 학대 앞에서 침묵하고 있다. 이유는 여성을 지지하는 기반이 약하기 때문이다. 폭력과 힘의 학대에 관

---

150) James Newton Poling, *Deliver Us form Evil* (Fortress Press, 1966), 106. Patricia Hill Collins, *Black Feminist Thought: Knowledge, Consciousness, and the Politics of Enpowerment* (New York: Routledge, 1990), 92–93. Audre Lorde, *Sister Outsider* (Freedom, Calif.: Crossing Press, 1984), 42.

151) Patricia Hill Collins, *Black Feminist Thought:* 92. James Newton Poling, *Deliver Us form Evil*, Fortress Press(1966), 106.

152) James Newton Poling, *Deliver Us form Evil*, 106–107.

해 침묵을 깨는 것은 잘못으로부터 옳은 것을 판단하는 인간의 힘을
활용하는 것이다. 인간들의 침묵을 깨도록 선택하는 것은 그들의 인
간성을 안착하고 유지하려는 한 단계이다. 폴링(Poling)은 숀 코프랜드
(Shawn Copeland)를 다음과 같이 서술하는 것을 지지한다.

> 조직화되고 체계화된 악으로부터 유래되는 엄청난 아픔과 갈등으
> 로부터 나올 수 있는 신앙과 저항의 강력한 형태. 고통은 항상 아
> 픔, 분열, 분리, 그리고 불완전성을 의미한다. 고통은 우리로 하여
> 금 무기력함과 침묵하게 하고 우리를 낙망과 절망의 경계로 밀어
> 낸다. 고통은 마음을 망쳐놓고, 시들게 하고 그리고 장애자로 만들
> 수 있다. 혹은 하워드 설만(Howard Thurman)의 말에 의하면, 고통은
> "한줄기의 빛으로 변형된 좌절의 창이 될 수 있다."[153]

침묵을 깨는 것은 내담자의 삶과 가족의 삶에서 조직화하고 체계화
된 악을 부수는 변형하는 힘이 되는 잠재력을 가진다. 침묵을 깨는 것
은 회복을 위하여 다시 연결하는 것이고 힘을 강화해 주는 첫 번째 징
후이다. 침묵을 깨는 것은 악의 순전한 실체를 분간하고 악의 영향으
로부터 시어머니와 며느리 모두에게 자유를 시작하게 한다. 그것은 악
의 실체를 밝히고 악을 말하려는 용기를 취한다. 실제 삶의 상황에서
이런 종류의 힘을 행사하므로 의식적으로 위험을 직면하도록 한다.[154]

침묵을 깨뜨리는 것은 또한 자존심과 문화적 영향으로 인하여 잠
재적인 왜곡을 발전시킬 기회를 제공한다. 전통 사회는 좋은 아내와
며느리가 되는 방법을 여성들에게 보여주었던 수용할 수 있는 성품

---

153) lidd., 107. Shawn Copeland, *A Troubling in My Soul: Womanist Perspectives on Evil and Suffering*, ed. Emile Townes, (Maryknoll: Orbis, 1993), 109-110. William R. Jones, *Is God a White Racist* (Garden City: Anchor/Doubleday, 1973), 21-22.

154) Judith Lewis Herman, *Trauma and Recovery* (New York: Basic Books, 1992), 197.

과 도덕적인 덕목의 범주인 "금으로서의 침묵"으로 간주했다. 한국 속담에 새로 결혼한 여성은 3년간 장님, 귀머거리, 벙어리가 되어야 한다는 것이다. 강하고 건강한 성품은 가족 안에서 악을 드러내려는 용기를 가지고, 장애를 극복하며 자유와 서로 존경하는 관계를 정착할 용기를 가진다.

2) 언어를 찾기

언어는 고통당하는 여성에게 약간 독특하고 유용한 가능성이 있다. 마켓트(Marquette) 대학의 헬렌 스털크(Helen Sterk)는 "언어와 성별 관계들"에 관하여 상세히 서술했다.

> 언어가 어떻게 역할을 하는가? 언어에 대한 한 견해는 단어들이 단순히 실체를 드러내고 언어는 존재하는 것에 이름을 붙이는 첫 인간 도구이다. 이름 붙이기와 정의를 하는 것은 인간의 언어능력 중 가장 강력한 행동들 중 두 가지이다. 어떤 것에 이름 붙여질 때, 더 충분한 실체를 드러낸다. 그것이 회자될 수 있다. 그것은 자태를 취한다. 예를 들면, 성학대가 이름 지어졌을 때까지, 그것이 실재인지 생각되지 않았다. 그러나 그것이 이름을 가지게 된 후, 그것을 축소하려는 정책들이 설치하기에 더 쉬웠다. [155]

이처럼 언어는 사회를 다룰 고통당하는 여성에게 효과적이고 창조적인 방법을 제공한다.

스탈크(Stalk)는 인간의 정의로부터 여성을 제외하기 위하여 언어가

---

155) Helen M. Sterk, "How Shall We Speak? Language and Gender Relations," chapter 11 in *After Eden: Facing the Challenge of Gender Reconciliation*, ed. Mary Stewart Van Leeuwen (Grand Rapids: Eerdmans, 1993), 342, 245.

여성에 반대해서 사용될 수 있는 많은 방법을 예를 들어서 설명한다.

> 최근까지, 여성주의 의식이 범주로부터 여성을 지우거나 기껏해야 애매하게 여성들을 포함하여 출판사나 독자들을 불가능하게 만들었을 때, "인간"을 효과적으로 "남성"을 의미했고 "남자"는 "인류"를 의미했다. 비슷한 특질에서, 여성신학자인 메어리 델리(Mary Daly)는 다음과 같이 남성 신학자들을 인용한다: "하나님은 아버지이시다 라고 믿는 것은 그가 전체 공동체와 나눈다는 이방인, 외부인, 소외된 사람이 아니라 소속되는 아들로서 혹은 놀랄 만한 운명에 지명된 사람으로 자신을 인식 한다는 것이다. 하나님을 아버지로 믿는 것은 모든 남성들에 관하여 '우리'라고 말할 수 있다는 것을 의미한다." 이 신학자는 하나님의 수용이라는 설명에서 모든 사람을 포함하려고 여성들과 남성들이 같다는 것을 의도하였을 것이다. 그러나 효과적으로 언어의 선택은 마치 여성들이 하나님 사람들의 부분이었던 것처럼 그러한 감정으로부터 독자들인 여성들을 방해한다. 여성이 하나님을 하늘에 계신 아버지로 볼 수 있었을 것이고 그래서 하나님과 친한 정서를 가졌을 동안, 여성이 자신들을 '아들'로서 부르기가 약간은 어색하다. 그렇게 해서, 여성은 그녀의 경우에서 "아들"이 의미하는 것을 번역해야 한다. 예를 들면, 여성이 "아들"을 "상속자", 하나님의 법적인 아이를 의미하는 것으로 이해한다면, 하나님의 아들이 될 수 있었을 것이다.156)

한국 사회는 남성을 독립성, 공격성, 경쟁심, 지도력, 그리고 객관성으로, 여성은 의존성, 수동성, 약함, 내향성, 연민, 그리고 민감성으로 특징을 세운다. 이러한 개념이 어떻게 전달될까? 그들은 언어로 교육된다. 예를 들면, "소녀는 그것을 하지 않는다.", "소년은 용감하게 보인다.", 혹은 "그 소녀는 예쁘게 보인다." 언어는 아이를 남성과 여성으로 일찍이 나눈다. 소년은 용감해야 하고 적극적이며 소녀는

---

156) Ibid., 346. Mary Daly, *Beyond God the Father: Toward a Philosophy of Women's Liberation* (Boston: Beacon Press, 1973), 20.

부드럽고, 소극적이며 감정적이어야 한다.

언어는 긍정적일 수 있고 부정적일 수 있는 방법들로 인간을 제한한다. 예를 들면, 한국어에서는 "형제"와 "자매"에 대한 단어가 무엇을 의미하고 어떻게 사용되는가를 고려하라. "형제"란 단어는 포괄적인 의미를 내포하여서 소녀의 형제에게도 사용된다. "자매"는 형제대신에 사용될 수 없다. 또 다른 실례로 "며느리"에 대한 단어의 원래의미는 "음식을 나르는 사람이다." 며느리가 할 수 있는 것은 조상 제사나 남편의 살아 계신 부모를 위하여 음식을 나르는 것이다. "사위"는 대조로, "무시될 수 없는 중요한 사람"을 의미한다. 언어 자체는 사람들이 유일하게 그들의 성별에 조회하는 제한들과 가능성을 특징화한다. 이러한 부정확한 참조가 인간 가치를 떨어뜨린다.

종교적 상황에서, 전통적인 하나님 형상은 여성을 억압하는 것에 관하여 종종 합법화하고 강화한다. 말아체인 린스트라(Marcheine Rienstra)는 "과거에도 여성들이 취했듯이, 그들은 계속 억압적으로 고정시키는 결과로, 기대들을 비인격화로, 혼돈되고 열등적인 자기－이미지로, 여성이 남성 세계에 시도하려고 할 때 매우 이상한 것으로, 여성이 성공했을 때 여성은 공격을 당하므로 고통을 경험한다."[157] 이러한 것은 여성이 경험하는 통제와 지배의 한 부분이다. 고통스러워하는 많은 여성은 잘 알고 신뢰했던 보통 가까운 남성의 힘으로 가정 학대나 성 학대의 희생자이다.[158] 전통적 여성주의 비평들, 남성 하나님－언어는 그러한 실체들과 함께하는 여성들의 갈등으로부터 발생한다.

---

157) Marcheine Rienstra, "God's Freedom for Women: Part 1," *Reformed Journal* (September 1977), 11.
158) Susan B. Thislethwaite, *Sex, Race, and God: Christian Feminism in Black and White* (New York: Crossroad, 1989), 24.

비록 그것이 대담하게 보인다고 할지라도, "하나님이 남성이기에 남성은 하나님이다"라는 악명 높은 메리 데일리(Mary Daly)의 금언이 정확하게 사회적이고 심리적인 남성 하나님-언어의 남용을 지적한다. 델리에 의하면,

> 인간 상상 안에서 생성되었고 가부장에 의해서 그럴싸한 것으로 유지된 아버지 신의 상징이 교대로 여성을 억압하는 그들의 기제가 옳고 적합하게 하므로 이런 사회의 형태에 공헌했다. 만약 "그의" 하늘에 있는 하나님이 "그의" 백성을 지배하는 아버지라면, 사회가 남성-지배적이 되는 것이 바로 사물들의 "성격"에 있어서와 신의 계획과 우주의 질서에 의한 것이다.[159]

맥 파규(McFague)에 의하면, 남성-하나님-언어는 "그의 아내를 지배하는 남편이 하나님 '자신'을 나타내기 위하여 "역할의 신비화"를 만들어낸다.[160] 하나님에 대한 남성 이름, 웃음, 그리고 상징의 우세 모두가 남성과 더불어 우상의 하나님의 평등에 너무 빠져든다. 그러한 우상은 더 명백한 손해와 여성들에 대하여 불의뿐만 아니라 남성에게 여성 복종의 더 미묘한 형태를 영속시킨다. 여권주의자는 모든 하나님-언어가 은유적이거나 상징적 특징을 강조한다. 이처럼 맥 파규(McFague)는 하나님에 대한 "형태들"이나 "상징들"을 말하고 형태들이나 상징들이 어떻게 작동을 하는가를 설명한다:

> "하나님은 어머니이시다"라고 말하는 것은 하나님이 어머니와 동일하다는 것이 아니지만 양육하는 것과 연관된 어떤 특징들의 관

---

159) Mary Daly, *Beyond God the Father: Toward a Philosophy of Women's Liberation.*, 13.

160) Sally McFague, *Metaphorical Theology: Models of God in Religious Language* (Philadelphia: Fortress Press, 1987), 19.

점에서 하나님을 이해하는 것이다. 그때 "하나님이 어머니가 아니
다"라고 말하는 것이고 혹은 "하나님은 존재하고 어머니가 아니
다," 혹은 다시 여전히, "어머니로서 하나님"이라는 은유적 주장이
긍정적이고 부정적인 면들을 결합하는 것이다.[161]

성서적이고 신학적으로 권면 되는 하나님을 창조적으로 다시 개정
하는 것이 교회에서 고통당하는 여성들과 남성들의 필요들을 충족시
키기 위하여 역시 필요하다. 가족과 사회에서 여성의 존엄성과 의식
을 향상하기 위하여, 여성들과 남성들 모두가 그들의 언어를 교정해
야 한다.

3) 행동을 지지하기

치유적 행동들과 생각들을 고취하기 위해 새로운 언어를 사용하는
것 이외에, 여성들의 인간성을 밝히고 발전시킬 같은 문제에 다룰 다
른 방법들이 있다. 이 부분은 갈등의 상황에서 고통당하는 여성을 돕
기 위하여 추가적으로 지원할 구체적 제안을 제공할 것과 연관된 여
권주의 일을 생기게 한다.

(1) "저항의 영성을 개발하기"

사람들은 "다른 사람들의 이야기나 삶에 그들 자신을 몰두시키므
로" 저항의 영성을 발전시킬 수 있다. 하나님은 다른 어떤 것보다 강
한 사랑으로 고통당하는 사람의 아픔을 완화하기 위하여 고통당하는
사람들에게 온다. 영혼과 육체를 파괴하기 위하여 위협하는 악에게

---

161) Ibid., 22-23.

저항하는 것이 하나님 은혜를 체험할 기회를 자신에게 주는 것이다. "고통의 와중에서, 악에 저항하고 그 악에서 살아남은 사람들은 하나님의 사랑이 악의 힘보다 더 강하다는 것을 발견하였다. 어떤 사람들은 그들의 경험들, 그들의 고통과 소망에 관하여 말하면서 살았다." 이러한 이야기들은 그들이 많은 이야기를 듣고, 읽고, 묵상하므로 더 많은 사람이 정체성을 형성하는 데 도움을 준다. "정체성이 억압적인 구조에서보다는 악에 저항하는 역사 속에 발견되기 때문에, 저항의 영성은 내적인 상상력의 변화를 요구한다." 고통당하는 사람은 그들 인간의 잠재성을 재활성화시킬 가능성을 엿볼 수 있기 위하여 그들의 고통을 받아들일 필요가 있고 그들의 약함과 취약성을 지지할 필요가 있다. 그들의 영적인 상태를 나누는 것은 그들 자신의 영적인 혼돈과 공허함을 제거하는 데 도움이 될 수 있다. 그들의 삶이 풍요롭고 자비로 넘치게 할 하나님의 자비와 사랑을 그들이 경험할 수 있다. 그들은 "서로를 위하여 상호지원을 제공"할 수 있다.162)

이러한 원칙들이 특별히 한국 가족 안에서 시어머니와 며느리 사이 갈등에 잘 적용한다. 모든 효과적인 목회상담은 하나님의 사랑이 다른 어떤 것보다 더 강하다는 영적인 확신에 의존한다. 어떤 인간도 이해할 수 없는 이러한 가슴 아픈 경험들을 오직 이러한 종류의 신앙에 둔다. 그것은 역시 심지어 신앙과 신뢰의 더 강한 결합을 교대로 세우는 다른 사람들과 영성의 깊은 교제를 가능하게 한다.

---

162) Poling, *Deliver Us form Evil*, 175-176.

(2) "저항공동체들과 단결 안에서 살아가기"163)

한 사람은 희망과 미래의 상상력을 지지하고 고통과 아픔을 나눌 수 있는 한 단체와 밀접한 관계를 발전시킬 수 있다. 공동체는 가족과 가까운 친구들의 친밀성에서부터 상호 의존하는 국제적인 공동체의 생각에 이르는 많은 다른 의미를 가지고 있다.164) 공동체는 사람들이 서로가 소망하는 영적인 교제, 서로에게 깊은 소속감을 알게 한다. 소속감은 사람들의 가장 깊은 요구 중의 하나이기 때문에, 소속의 상징으로서 공동체는 애매한 상징이다. 한편으로, 공동체는 세상에 있는 장소인데 양육하고 만족하게 하기 위한 우리의 소망이고 꿈이라는 것을 지적한다. 다른 한편으로, 공동체는 종종 낙망시키는 소망들과 이루지 못한 기대들을 나타낸다. 공동체가 인간의 꿈과 낙망의 애매한 상징이기 때문에, 그것이 교역에 대하여 쉬운 상징이 아니다. 그것은 진정한 소속을 위한 이상화된 사람들의 희망 모두를 나타내지만 역시 그것은 종종 실망과 외로움을 우리에게 각성시킨다.165)

사랑이 깃든 공동체는 역사적이그 사회-정치적 상황 안에서 아래에 의하여 특징화된 상호작용의 과정이다:

> 창조성을 향하여 나아가는 나누어진 상호작용의 형태들.
> 정의를 향해 나아가는 나누어진 사회적 구조들.
> 친밀성을 향하여 나아가는 나누어진 충성들.
> 신앙으로 향해 나아가는 나누어진 의미.166)

---

163) Ibid.

164) James and Evenlyn Whitehead, *Community of Faith* (New York: Seabury Press, 1982), 21-33.

165) Daniel D. Williams, *The Spirit and Forms of Love* (Mew York: Harper & Row, 1968), 146-155.

166) James N. Poling and Donald E. Miller, *Foundation for a Practical Theology of Ministry* (Nashville: Abingdon Press, 1985), 126-147.

이러한 특징들을 기반으로 한 "저항의 공동체들과 연대는 행동을 요구한다." 행동이란 "진심으로 일하며, 거절을 경험하고, 박탈을 나누고, 배고프며, 몸이 위험에 처하며, 폭행과 죽음을 두려워한다"는 의미이다. "저항의 공동체들은 항상 폭력과 위험의 그물망에 있다."[167]

창조성, 정의, 친밀함, 그리고 신앙을 향한 이동에 기반을 둔 공동체 안에서 살기 위하여, 시어머니와 며느리 모두가 그러한 공동체와 연결하고 창조하며 그때 폭력을 방지할 공동체 안에서 일한다. 그들은 사랑이 깃든 공동체를 통하여 그들의 인간성과 영성을 회복할 수 있다.

(3) "내부 학대자 직면하기"

"힘의 책임을 수용함에 있어 핵심은 우리가 개인 여성들을 희생시키면서 우리가 개인적으로 가부장 특권을 주장하는 시대에 책임 있다는 태도와 행동을 강하게 직면한다." 왜냐하면 그러한 각자 행동과 특히 여성을 상담하는 어떤 사람, 특히 남성들은

> 그들의 죄들을 고백하고 그들의 악의 행위들을 회개해야 한다. 그러나 고백과 회개는 폭력이 인종과 성별의 악에 의하여 영혼에 손상을 입히고 이렇게 억압된 사람들의 몸들에 상처를 입힌다. 저항의 공동체들과 관계를 세워감으로 어디서나 목사는 그것이 고쳐질 수 있는 관계의 망을 고치고 정의와 든든함을 다시 정착하기 위하여 일하기 시작한다.[168]

시어머니와 며느리 사이 갈등을 해결하기 위하여, 가부장적 학대자는 성별 학대에 영향을 주는 그들의 죄를 고백해야 하고 왜곡된 문

---

167) Poling, *Deliver Us from Evil*, Ibid.
168) Poling, *Deliver Us from Evil*, 176.

화적 배열을 교정해야 한다. 남자는 사회에서 지배계층을 구성하며 이렇게 고통스러워하는 시어머니와 며느리는 남자들이 대표하고 지배하는 문화의 희생자들이다. 모든 남자는 남성-지배적 가부장적인 문화가 여성을 억압하고 여성됨을 왜곡하는 많은 방법에 책임이 있다. 그러므로 남자들은 시어머니와 며느리 사이에서 적당한 관계를 회복하는 데 도울 책임이 있다. 또한 영적 저항을 지지하는 공동체를 발전시키기 위하여 합류하고 돕는 데 책임이 있다.

(4) "힘의 사람들을 대면하기"

고통당하는 사람들은 "그들의 힘을 남용하는 사람들을 대면해야 한다. 대면은 힘에 진실을 말하는 것, 장소를 이탈하는 것, 그리고 결과를 취하는 것을 포함하고 있다."[169] 학대 교류형태는 그들에 관하여 진실을 말하므로 드러나야 한다. 이것이 힘의 결과가 어떤 것인가를 드러내는 방법이다. 만약 희생자가 갈등의 원천을 거침없이 말한다면, 많은 희생자는 학대자의 보복을 두려워한다. 불의에 대하여 말하는 것을 지지하고 고무하는 공동체에게 불의에 관하여 언급하는 것은 악을 의식하고 있다는 것을 표시하는 것이고 악의 희생자를 보호할 힘이 있다는 의미이다.

희생자가 힘의 학대에 의하여 야기된 파괴적인 행동을 변형할 때 그것은 고무적이고 힘든 단계이고 소중한 기회이다. 이 단계에서 공동체는 희생자와 더불어 굳건히 서야 하며 가해자가 사용하는 방법을 변화하도록 학대자에게 요구해야 한다. 이것은 폭력을 방지하고

---

169) Ibid.

희생자를 강화하는 바른 방향이다.

4) 요약

가족 구성원은 다양하다. 그중에 가장 우리에게 가슴 아픈 사례를 들을 수 있다면 가족 안에서 여성일 것이다. 여성은 가족 안에서 눈에 보이지 않은 힘의 위상, 구체적으로 드러낼 수 있는 경제적인 지위, 가족에게 자신의 생각을 드러낼 수 있는 상황으로 보면 가장 연약하다. 여성이 인간으로서 중요하다고 생각하는 사회의 사상은 매우 천천히 발전하고 있다. 여성은 나의 아내, 어머니. 자매, 딸. 그리고 나의 이웃이다. 남자가 자신을 위하여 아내, 어머니, 자매, 딸 그리고 이웃의 중요한 역할을 하는 여성을 억압하고 나쁘게 이용하여서 남성이 가지고 있는 특권의 지위를 유지하는 것은 정신적으로 이상 현상으로 간주할 수 있다. 모든 사람은 여성의 위상을 높일 의무가 있으며 여성만이 가지는 고유한 재능을 드러내는 것을 도울 의무도 있다. 여성에게 힘을 강화한다는 면에서, 여성은 스스로 자신의 상황을 수용하는 것이 의미가 있다는 침묵으로부터 탈출하기 위하여 행동해야 한다. 여성의 목적을 성취하기 위하여, 그들은 불공평하고 억압하는 과거의 균형을 깨뜨릴 행동을 해야 한다. 여성은 자신의 환경을 변화하기 위하여 주도권을 가져야 한다.

목사들은 문화에 의해서 잘못 이해되고 왜곡된 그들의 숨겨진 언어를 드러내도록 도울 수 있고 도와야 한다. 언어란 사람과 관계하고 있다는 점에서 주요한 수단이고 정의롭고 건강한 공동체에서 좋은 삶을 형성하는 주요한 방법이다. 언어로 자신의 사상을 드러낸다는 것은 자신의 삶과 철학을 실행한다는 의미이다. 여성들은 자신의 삶을 수행할 언어의 운반체를 사용할 수 있다. 그러나 먼저 여성은 자신의 삶으로부터 잃어버린 언어를 다시 가져와야 한다.

정의롭게 대우받는 여성은 삶의 연결망에서 더 행복한 관계를 가질 수 있을 것이다. 삶이란 끊임없이 환경과의 상호작용에 의해서 형성된다. 산다는 것이 곧 계속 관계성을 가지는 것이다. 이러한 사상을 구체적으로 지지하는 것은 억압을 받으며 고통 가운데 있는 여성을 위하여 영적인 자원을 수행하도록 지지가 되어야 한다. 영적인 도전과 지원이 없다면, 악에 대항할 힘이 거의 존재하지 않는다. 악에 저항한다는 의미는 공동체 안에서 여성이 가지고 있는 숨겨진 힘으로 관계를 드러내고 강화하도록 고무시킨다는 의미이다. 강하고 힘이 있는 영성은 지지하고 강화하는 사랑이 깃든 공동체와 더불어 여성 자신을 관계하도록 여성을 돕는다. 여성의 입장을 정착시키고 다시금 가지기 위하여, 여성이 영적인 공동체와 연결할 때 그들은 자원을 찾는다. 이처럼 폭력을 방지하고 여성을 치유할 가장 중요한 방법은 여성이 가지고 있는 확실한 인간성을 회복하기 위하여 관계적 힘을 증가시키는 것이다. 하나님의 깊은 뜻과 의도는 여성이 풍부한 열매를 가지고 더 큰 사회 공동체와 나누는 것이다.

3. 결론

문화적 역사에서 한국 가족을 반영하였고 한국 가족의 대표적인 아픔 중의 하나인 시어머니와 며느리 간의 깊은 갈등을 볼 수 있다. 이러한 갈등의 중요한 요인을 발견한 이 책은 외롭고 소외되며 억압당하여 인간으로서 기본적으로 가져야 할 권리를 향유하지 못하는 원인을 나열하였다. 그중에 가장 큰 요인은 가부장의 문화라고 할 수 있다. 여성은 남성의 조력자, 지지자로 대우받지만 여성들 자신에 대하여서는 지도자나 인도자로 대우받지 못한다. 여성은 모든 수준에서 각각 다른 사람과 여성의 가족과 더 큰 공동체로부터 소외를 당한다. 그리고 그들은 큰 아픔을 감내해야 한다. 교회와 다른 공동체에서 이렇게 특수한 사회적, 신학적, 그리고 심리학적 왜곡을 고치는 것은 목회상담자에게 긴급한 사역으로 나타난다. 목회 상담자의 역할은 한 인간으로서 여성이라는 인간을 구원해야 하며 여성이 하나님으로부터 받은 귀한 선물을 드러낼 수 있게 도와야 한다. 상대적으로 신체적인 왜소함의 이유로, 사회적 지위가 열등하다는 설명으로, 신학적인 무지의 결과로 여성을 한 인간으로 수용하거나 인정하지 못하는 것이 곧 구조적이요, 이념적인 학대의 구체적인 현상이다. 한 인간을 치유하고 새롭게 할 중요한 관계, 즉 자기와 건강한 관계, 이웃과의 적극적인 관계, 그리고 하나님과 창조적인 관계가 이루어졌을 때 비로소 한 인간의 인간됨이 된다고 볼 수 있다. 이러한 맥락에서 인간의 차별, 학대는 곧 악의 구체적인 모습이고 제거되어야 할 가장 큰 일이다.

가족 구성원이 만족할 만한 관계를 회복하고 복구하기 위하여, 여성은 가족과 공동체 안에서 관계를 세우고 변형할 그들의 힘을 실행에 옮겨야 한다. 인간이 된다는 것은 삶의 관계적 망을 취하는 것이다.

Adams, James Luther, ed. *The Thought of Paul Tillich*. New York: Harper & Row, 1984.

Adler, Alfred. *Cooperation Between the Sexes: Writings on Women, Love and Marriage, Sexuality and Its Disorders*. Eidited by Heinz L. Ansbacher and Rowena R. Ansbacher. Garden City, N.Y.: Doubleday Anchor Books. 1978.

__________. *The Individual Psychology of Alfred Adler: A Systematic Presentation of Selections from His Writings*. Edited by Heinz L. Ansbacher, and Rowena R. Ansbacher. New York: Harper Tourchbook, 1956.

__________. *On the Nevous Character*, 4th ed. Munich: Bergman, 1928.

__________. *The Practice and Theory of Individual Psychology*. Trans. P. Radin. London: Routledge and Kegan Paul, 1925.

__________. *Superiority and Social Interest: A Collections of Later Writings*. Ed. Heinz L. Ansbacher and Rowenta R. Ansbacher, with a Biographical Essay by Carl Furtmuller and Adler Bibliography. New York: W. W. Norton, 1979.

__________. *Understanding Human Nature,* Trans. W. B. Wolfe. New York: Fawcett, 1927; reprint edition, Hazelden, 1998.

__________. *What Life should Mean to You*. Edited by Alan Porter. Boston: Little Brown, 1931. Reprint edition, Hazelden, 1998.

Adler, K. A. "Power in Adlerian Theory." *Science and Psychoanalysis* 20(1972).

American Psychiatric Association. *Diagnostic and Statistical Manual of Mental Disorders*. 4th ed. Washington, D. C.: American Psychiatric Association, 1994.

Anderson, Gerald H., ed. *Asian Voices in Christian Theology*. Maryknoll: Orbis Books, 1978.

Anderson, Herbert. *The Family and Pastoral Care*. Philadelphia: Fortress Press, 1984.

Ansbacher, Heinz L. "Adler's 'Striving Power' in Relation to Nietzsche," *Journal of Individual Psychology* 25, no. 2 (November 1975).

__________. "Individual Psychology." In *Current Personality Theories*, edited by

Raymond J. Corsini. Peacock Publishers, 1977.

Augsburger, David W. *Pastoral Counseling Across Cultures.* Louisville: Westminster Press, 1986.

Ault-Riche, Marianne. *Women and Family Therapy.* Aspen Publication, 1986.

Beck Aaron T. *Love is Never Enough.* New York: Harper & Row, 1988.

Berry, Carmen Renee, and Mark Lloyd Taylor. *"Loving Yourself as Your Neighbor" A Recovery Guide for Christians Escaping Burnout and Codependency.* New York: Harper & Row, 1990.

Bhasin, Kamla, and Night Said Khan. *Some Questions on Feminism and Its Relevance in South Asia.* Kali for Women, 1986.

Bleier, Ruth. *Science and Gender: A Critique of Biology and Its Theories on Women.* New York: Pergamon Press, 1984.

Bohn, Carole R, and Joanne C. Brown, eds. *Christianity, Patriarchy, and Abuse: A Feminist Critique.* New York: Pilgrim Press, 1989.

Bons-Storm, Riet. *The Incredible Women: Listening to Women's Silence in Pastoral Care and Counseling.* Nashville: Abingdon Press, 1996.

Boozer, Jack. "Tillich and New Religious Movements" In *The Thought of Paul Tillich,* edited by James Luther Adams. New York: Harper & Row, 1984.

Bradshaw, John. *Creating Love.* New York: Bantam Books, 1994.

______________. *Healing the Shame that Binds You.* New York. Health Communications, 1988.

Brock, Rita Nakshima. *Journey by Heart: A Christology of Erotic Power.* New York: Crossroad, 1988.

______________. *Setting the Table: Women in Theological Conversation.* Chalice, 1995.

Body, Clarie M. *Women Therapist Working with Women: New Theory and Process of Feminist Therapist.* Springer Publishing, 1984.

Brown, Mackenzie D. *Ultimate Concern: Tillich in Dialogue.* New York: Harper & Row, 1976.

Browning, Don S. *The Moral Context of Pastoral Care.* Westminster Press, 1976.

______________. *Religious Thought and Modern Psychology.* Fortress Press, 1987.

______________. *Religious Ethics and Pastoral Care.* Fortress Press, 1983.

Carins, George, and Lawrence Pottenger. *Healing and the Healer.* Chicago: Exploration Press, 1996.

Carter, Betty, and Monica McGoldrick, eds. *The Changing Family Life Cycle: A Framework for Challenges*. New York: Bacon, 1989.

Case-Wintes. Anna. *God's Power: Traditional Understanding and Contemporary Challenges*. Louisville: Westminster/John Knox Press, 1990.

Chodrow, Nancy J. *Feminism and Psychoanalytic Theory*. New Haven: Yale University Press, 1989.

Choi, Man Ja. *Feminist Christology. Consultation on Asian Women's Theology*, 1987.

Chopp, Rebecca S., and Mark L. Taylor, eds. *Reconstructing Christian Theology*. Minneapolis: Fortress Press, 1994.

Clift, Jean Dalby. *Core Image of the Self: A Symbolic Approach to Healing and Wholeness*. Crossroad Publishing, 1984.

Collins, Patricia Hill. *Black Feminist Thought: Knowledge, Consciousness, and the Politics of Empowerment*. New York: Routledge, 1990.

Cone, James H. *God of Oppressed*. New York: Seabury, 1975. Revised edition, Maryknoll: Orbis Books, 1997.

Copeland, Shawn. Article in *A Troubling in My Soul: Womanist Perspectives on Evil and Suffering,* edited by Emilie Townes. Maryknoll: Orbis Books, 1993.

Corsini, Raymond J. *Current Psychotherapies*. Itasca: F. E. Peacock, 1979. 5th edition.

Couture, Pamela D. *Blessed Are the Poor?* Nashville: Abingdon Press, 1991.

______, and Rodney J. Hunter, eds. *Pastor Care and Social Conflict*. Nashville: Abingdon Press, 1995.

Cutler, C. Gertude. "Tillich's Multidimensional View of Health: A Message of Holistic Healing," In *Theonomy and Autonomy: Studies in Paul Tillich's Engagement with Modern Culture*, ed. John J. Carey. Macon: Mercer University Press, 1984.

Daly, Mary. *Beyond God the Father: Toward a Philosophy of Women's Liberation*. Boston: Beacon Press, 1973.

Davis, Susan E., and Eleanor H. Haney, eds. *Redefining Sexual Ethics*. Cleveland: Pilgrim Press, 1991.

Demarinis, Valerie. *Critical Caring: A Feminist Model for Pastoral Psychology*. Louisville: John Knox Press, 1993.

Donavan, May Ellen. *Women self-esteem: Understanding and Improving the Way We Think and Feel about Ourselves*. New York: Penguin Book, 1984.

Dornbusch, Sandford M., and Myra H. Strober, eds. *Feminism, Children, and the New Families*. New York: Guildford Press, 1988.

Douglas, Kelly Brown. *The Black Christ*. New York: Maryknoll: Orbis Books, 1994.

Dreikurs, Rudolf R. *The Challenge of Marriage*. New York: Duell, Sloan and Pearce, 1946.

______________. *Fundamentals of Adlerian Psychology*. Chicago: Adler School of Professional Psychology, 1989.

Duncan, Barry L., Andrew D. Solovey, and Gregory S. Rusk. *Changing the Rules: A Client-Centered Approach to Therapy*. New York: Guilford Press, 1992.

Egan, Gerald. *The Skilled Helper: A Systematic Approach to Effective Helping*. Pacific Gorve: Brooks/Cole, 1990.

Ellenberger, Henri F. *The Discovery of the Unconsciousness: The History and Evolution of Dynamic Psychiatry*. New York: Basic Books, 1970.

Fabella, Virginia, and Peter K. Lee, eds. *Asian Christian Spirituality: Reclaiming Traditions*, Maryknoll: Orbis Books, 1992.

Fabella, Virginia, and Sun Ai Park, eds. We Dare to Dream Doing Theology as Asian Women. AWCCT, 1994.

Ferguson, Margaret, and Jenifer Wick, eds. *Feminism and Postmodernism*. Duke University Press, 1994.

Fiorenza, Elizabeth Schussler. *Bread Not Stone: The Challenge of Feminist Biblical Interpretation*. Boston: Beacon Press, 1991.

Fishburn, Janet F. *Confronting the Idolatry of Family: A New Vision for the Household of God*. Nashville: Abingdon Press, 1991.

Fisher, Kathleen. *Women at the Well: Feminist Perspectives on Spiritual Direction*. New York: Paulist Press, 1988.

Fitchett, George. *Assessing Spiritual Needs: A Guide for Caregivers*. Augsburg Fortress, 1993.

For, Robin. *Kinship and Marriage: An Anthropological Perspective*. Cambridge University Press, 1967.

Ford, David F. *The Modern Theologians: An Introduction to Christian Theology in the Twentieth Century*, vol.2. Cambridge: Blackwell, 1989.

Forrester F. *The Essential Tillich: An Anthology of the Writings of Paul Tillich*. Collier Books, 1988.

Friedman, Edwin H. *Generation to Generation: Family Process in Church and Synagogue*. New York: Guildford Press, 1985.

Garskof, Michele Hoffnung, ed. *Roles Women Play: Reading toward Women's Liberation*.

Brooks/Cole, 1971.

Gerald, Diana S., and Daniel L. Pancost. *The Church's Ministry with Families: A Practical Guide*. World Publishing, 1990.

Gerkin, Charles V. *Crisis Experience in Modern Life*. Nashville: Abingdon Press, 1979.

_______________. *The Living Human Document*. Nashville: Abingdon Press, 1984.

_______________. *An Introduction to Pastoral Care*. Nashville: Abingdon Press, 1997.

Gilligan, Carol. *In a Difference Voice: Psychological Theory and Women's Development*. Cambridge: Harvard University Press, 1993.

Gilligan, Janie Victoria Ward, Jill Mclean Taylor, and Betty Bardige, eds. *Mapping the Moral Domain: A Contribution of Women's Thinking to Psychological Theory and Education*. Cambridge: Harvard University Press, 1988.

Glaz, Maxine, and Jeanne Stevenson Moessener, eds. *Women in Travel and Transition*. Philadelphia: Fortress Press, 1993.

Gnanadason, Aura. "Women's Oppression: A Sinful Situation," in *Fabella and Oduyoye*.

Goodrich, Thelma Jean. *Women and Power: Perspectives for Family Therapy*. New York: W. W. Norton, 1991.

Goodrich, Cheryl Rampage, B. Ellman, and K. Halstead. *Feminist Family Tehrapy: A Casebook*. New York: W. W. Norton, 1988.

Gould, Carol C., ed. *Beyond Domination: New Perspectives on Women and Philosophy*. Rowman and Allanheld, 1984.

Graham, Elaine L. *Making the Difference: Gender, Personhood, and Theology*. Philadelphia: Fortress Press, 1996.

Graham, Larry Kent. *Care of Persons, Care of Worlds: A Psychosystems Approach to Pastoral Care and Counseling*. Nashville: Abingdon Press, 1992.

Grant, C. David. *Thinking through our Faith: Theology for Twenty-First-Century Christians*. Nashville: Abingdon Press, 1998.

Greenburg, Leislie S., and Susan M. Johnson. *Emotionally Focused Therapy for Couples*. New York: Guildford Press, 1988.

Grimshaw, Jean. *Philosophy and Feminist Thinking*. University of Minesota Press, 1986.

Grundwald, Bernice B., and Harold V. McAbee. *Guiding the Family: Practical Counseling Techniques*. Muncie: Accelerated Development, 1985.

Haley, Jay. *Problem-Solving Therapy*. 2nd edition. San Francisco: Jossey-Bass, 1976.

Hall, Calvin S., and Gardner Lindzey. *Theory of Personality*. New York: Wiley, 1970.

Hartley, Gary D. "Centrality of the Concept of Power in Nietzsche, Adler, and May:

Implications for Counseling Practice." *Individual Psychology* 51. no. 4 (Dec. 1995).

Hartshorne, Charles. "Tillich's Doctrine of God," in *The Theology of Paul Tillich*, edited by Charles W. Kegley. New York: Pilgrim Press, 1982.

Held, Virginia, ed. *Justice and Care: Essential Reading in Feminist Ethics.* Westview Press, 1995

Herman, Judith Lewis. *Trauma and Recovery.* New York: Basic Books, 1992.

Hess, Beth, ed. *Analyzing Gender.* New York: Sage Publications, 1987.

Heyward, Carter. *Our Passion for Justice: Image of Power, Sexuality, and Liberation.* New York: Pilgrim Press, 1984.

__________. *The Redemption of God: A Theological of Mutual Relation.* New York: University Press of America, 1992.

__________. *Touching our Strength: The Erotic Power ad the Love of God.* New York: Collins, 1984.

Hobgood, Mary E. "Marriage, Market Values, and Social Justice: Toward an Examination of Compulsory Monogamy." in *Redefining Sexual Ethics: A Sourcebook,* ed. Susanne Davies and Eleanor H. Haney. Cleveland: Pilgrim Press, 1991, 117-21.

Hoffman, Edward. *The Drive for Self: Alfred Adler and the Founding of Individual Psychology.* Addison-Wesley, 1994.

Howard, Doris. *The Dynamics of Feminist Therapy.* Haworth Press, 1986.

Howells, John G. *Advances in Family Psychiatry.* International University Press, 1979.

Hughes, J. R. T. "Economic Aspects," In Article on *"Industrialization," International Encyclopedia of the Social Sciences,* vol. 7, David L. Sills, ed. New York: Macmillam and Free Press, 1968.

Hunter, Rodney J. *Dictionary of Pastoral Care and Counseling.* Nashville: Abingdon, 1991.

The I Ching, Appendix V, 4.

Jacobson, Neil S., and Alan S. Gurman, eds. *Clinical Handbook of Couple Therapy.* New York: Guildford Press, 1995.

Jennings, Theodore W. *Beyond Theism: A Grammar of God-Language.* New York: Oxford University Press, 1985.

Jordan, Judith V., Alexandera G. Kaplan, Jean Baker Miller, Irene P. Silver, and Janet l. Surrey. *Women's Growth in Connection: Writings from the Stone Center.* New York: Guildford Press, 1991.

Jordan, Judith V., ed. *"Women's Growth in Diversity" More Writings from the Stone Center.* New York: Guildford Press, 1997.

Kaufman, Gordon D. *An Essay on Theological Method.* Atlanta: Scholars Press, 1995.

Kaufmann, Walter. *Nietzsche: Philosopher, Psychologist, Antichrist.* 3rd ed., revised and enlarged. Princeton: Princeton University Press; New York: Random House, Vintage Books, 1968.

Kegley, Charles W., ed. *The Theology of Paul Tillich.* New York: Pilgrim Press, 1982.

Keller, Catherine. *From a Broken Web: Separation, Sexism, and Self.* Boston: Beacon Press, 1986.

Kelsey, David H. "Paul Tillich." In *The Modern Theologians: An Introduction to Christian Theology in the Twentieth Century,* vol.1, edited by David F. Ford. Cambridge: Blackwell, 1989.

Klemer, Richard H. *Marriage and Family Relationships.* New York: Harper, 1970.

Koenig, Harold G., and Andrew J. Weaver. *Counseling Troubled Older Adults: A Handbook for Pastor and Religious Caregivers.* Nashville: Abingdon Press, 1997.

Kwok, Pui-lan. *Discovering the Bible in the Non-Biblical World.* Maryknoll: Orbis Books, 1995.

Lachkar, Joan. *The Narcissistic/Borderline Couple: A Psychoanalytic Perspective on Martial Treatment.* Brunner/Mazel, 1992.

Lahaye, Tim F., and Beverely LaHaye. *The Act of Marriage: The Beauty of Sexual Love.* Grand Rapids: Zondervan Publishing, 1976; updated edition, 1998.

Lasch, Christopher. *Haven in a Heartless World: The Family Besieged.* New York: Basic Books, 1979. Reprint edition, New York: W. W. Norton, 1995.

Lerner, Gerda. *The Creation of Patriarchy.* New York: Oxford University Pressm 1986.

Lerner, Harriet G. *The Dance of Anger: A Women's Guide to Changing the Patterns of Intimate Relationships.* New York: Harper & Row. 1989.

Lockes, Edwin, and M. Susan Taylor. "Stress. Coping, and the Meaning of Work." In *Stress and Coping: An Anthology,* 3rd edition, edited by Richard S. Lazarus and Alan Monat. New York: Columbia University Press, 1991.

Loomer, Bernard. "Two Conception of Power." *Criterion* 15 (1976).

Lorde, Audre. *Sister Outsider: Essays and Speeches. Freedom,* Calif.: Crossing Press, 1984

Lundin, Robert W. *Alfred Adler's Basic Concepts and Implications.* Munice, Ind.: Accelerated Development, 1983.

Lyons, James R. *The Intellectual Legacy of Paul Tillich.* Detroit: Wayne State University

Press, 1969.

Maduro, Renaldo J., and Joseph B. Wheelwright. "Analytical Psychology." In *Current Personality Theories,* edited by Raymond J. Corsini. Itasca: Peacock, 1977.

Margulies, Alfred. The Emphatic Imagination. New York: W. W. Norton. 1989.

Mayeroff, Milton. *On Caring.* HarperPerennial, 1971.

McFague, Sally. *Metaphorical Theology: Models of God in Religious Language.* Philadelphia: Fortress Press, 1982.

______________. *Models of God: Theology for an Ecological Nuclear Age.* Philadelphia: Fortress Press, 1987.

McGoldrick, Monica, and Carol M. Anderson. *Women in Families: A Framework for Family Therapy.* New York: Norton, 1991.

__________, John K. Pearce, and Joseph Giordano, eds. *Ethnicity and Family Therapy.* New York: Guildford Press, 1982.

Menninger, Karl A. *The Human Mind.* New York: Alfred Knopf, 1957

Miller, Alice. *For Your Own Good: Hidden Cruelty in Child-Rearing and the Roots of Violence.* Noonday Press. 1994.

______, *Thou Shalt Not be Aware: Society's Betrayal of the Child.* New York: Meridian Books, 1987.

Miller, Jean Baker. *Toward a New Psychology of Women.* 2nd ed. Boston: Beacon Press, 1987.

Miller-McLemore, Bonnie. *Feminist and Womanist Pastoral Theology.* Nashville: Abingdon Press, 1999.

Minton, H. "Contemporary Concepts of Power and Adler's Views." *JIP* 24, no. 1 (May 1968).

Minuchin, Salvador. *Families and Family Therapy.* Cambridge: Harvard University Press, 1974.

________, *Family Kaleidoscope.* Cambridge: Harvard University Press, 1984.

________, and H. Charles Fishman. *Family Therapy Techniques.* Cambridge: Harvard University Press, 1981.

________, and Michael P. Nichols. *Family Healing: Strategies for Hope and Understanding.* New York: Touchstone Book, Simon and Schuster, 1993.

Mosak, harold H. *Alfred Adler: His Influence on Psychology Today.* Noyes Press, 1973.

______, "Adlerian Psychotherapy." In *Current Psychotherapies,* edited by R. Corsini. Peacock, 1970.

Moore, Wilbert E. 'Social Aspect.: In article on "Industrialization," *International Encyclopedia of the Social Sciences,* vol. 4, edited by David L. Sills. New York: Macmillan and Free Press, 1968.

Napier, Augustus Y. *The Fragile Bond.* New York: Harper & Row, 1988.

Newport, John P. *Paul Tillich.* Hendrickson Publishers, 1991.

Nicholas, Michael P. *The Self in the System: Expanding the Limits of Family Therapy.* Brunner/Mazel, 1987.

________, and C. Schwartz. *Family Therapy: Concept and Methods.* Allyn and Beacon, 1994.

Nodding, Nel. *Women and Evil.* Berkeley: University of California Press, 1989.

O'Connell, Walter E. *Action Therapy and Adlerian Theory.* Chicago: Alfred Adler Institute, 1973.

Oden, Thomas C. *The Transforming Power of Grace.* Nashville: abingdon Press, 1993

Olson, David C. *Integrative Family Therapy.* Philadelphia: Fortress Press, 1993.

Olson, Richard p., and Joe H. Leonard. *Ministry with Families in Flus: The Church and Changing Pattern of Life.* Lousiville: Westminister Press, 1990.

Outka, Gene. *Agape: An Ethnical Analysis.* New Haven: Yale University Press, 1972.

Papanek, H. "Pathology of Power Striving and Treatment." *JIP* 28, no. 2 (Nov. 1971).

Parsons, Talcott,and Robert F. Bales. *Family, Socialization and Interaction Process.* New York: Free Press, 1955.

Patton, John. *Pastoral Care in Context: An Introduction to Pastoral Care.* Westminster, 1993.

______, *From Ministry and to Theology: Pastoral Action Reflection.* Nashville: Abingdon Press, 1990.

Pieris, Aloysisus, *An Asian Theology of Liberation.* Maryknoll: Orbis Books, 1995.

Pittman, Frank S. *Turning Points: Treating Families in Transaction and Crisis.* New York: W. W. Norton, 1987.

Plaskow, Judith. *Sex, Sin and Grace: Women's Experience and the Theologies of Reinhold Niebhur and Paul Tillich.* University Press of America, 1980.

Poling, James Newton. *The Abuse of Power: A Theological Problem.* Nashville: Abingdon Press, 1996.

________________________. *Deliver Us from Evil: Resisting Racial and Gender Oppression.* Philadelphia: Fortress Press, 1996

________________________. *"A Theological Integration of the Social and Personal in Pastoral*

Care and Counseling: A Process View." Unpublished dissertation, Claremont School of Theology, Claremont, Calf., 1985.

______________________, and Donal E. Miller. *Foundations for a Practical Theology of Ministry.* Nashville: Abingdon Press, 1985.

______________________, and Lewis S. Mudge, eds. *Formation and Reflection: The Promise of Practical Theology.* Philadelphia: Fortress Press, 1987.

Powers, Robert L, and Jane Griffith, eds. *Understanding Life-Style: The Psycho-Clarity Process.* The Americas Institute of Adlerian Studies, 1987.

Reiter, Rayna. R., ed. *Toward an Anthropology of Women.* Monthly Review Press, 1975.

Reuther, Resemary Radford. *Sexism and God-Talk: Toward a Feminist Theology.* Boston: Beacon Press, 1993.

Reinstra Marcheine. "Gods Freedom for Women: Part I." *Reformed Journal* (September 1977).

Roberts, Bernadette. *The Path to No-Self: life at the center.* State University of New York Press, 1991.

Roberts, David E. "Tillich's Doctrine of Man." In *Thought of Paul Tillich,* edited by James Luther Adams. New York: Harper & Row, 1984.

Russell, Letty M., Katie G. Cannon, and Ada M. Isasi-Diaz, eds. *Inheriting Our Mothers' Gardens: Feminist Theology in Third World Perspective.* Louisville: Westminister John Knox Press, 1986.

Sandford, Linda Tschirhart, and Mary Ellen Dovnovan. *Women and Self-Esteem: Understanding and Improving the Way We Think and Feel about Ourselves.* New York: Penguin Books, 1985.

Sanday, Peggy R. *Female Power and Male Dominance: On the Origin of Sexual Inequality.* New York: Cambridge University Press, 1982.

Saussy, Carroll. *God Images and Self-Esteem: Empowering Women in a Patriarchal Society.* Westminster John Knox Press, 1991.

Savage, John. *Listening and Caring Skills: A Guide for Groups and Leaders.* Nashville: Abingdon Press, 1996

Scheflen, Albeit E. *Gender Voices.* London: Basil Blackwell, 1989.

Shulman, Bernard H. *Contributions to Individual Psychology.* Chicago: Alfred Adler Institute, 1973.

______________________. and Harold H. Mosak. *Manual for Life Style Assessment.* Chicago: Accelerated Development, 1988.

Slocum, S. "Woman the Gatherer: Male Bias in Anthropology." In *Toward an Anthropology of Women,* edited by Rayna R. Reiter. Montly Review Press, 1975.

Small, Jacquelyn. *Becoming Naturally Therapeutic.* New York: Bantam Book, 1990.

Solle, Dorothee. *Theology for Skeptics: Reflection on God.* Philadelphia: Fortress Press, 1995.

______________. *Thinking about God: An Introduction to Theology.* New York: Trinity Press International, 1990.

Song, Choan-Seng. *Third-Eye Theology.* Maryknoll: Orbis Books, 1979.

Stone, Howard W., and William M. Clements, eds. *Handbook for Basic Types of Pastoral Care and Counseling.* Nashville: Abingdon Press, 1991.

Stone, Ronald H. *Paul Tillich's Radical Social Thought.* Atlanta: John Knox, 1980.

Sturdivant, Susan. *Therapy with Women: A Feminist philosophy of Treatment.* New York: Springer Publishing Company, 1980.

Suchocki, Marjorie Hewitt. "God, Sexism, and Transformation." in *Reconstruction Christian Theology,* edited by Rebecca S. Chopp and Mark L. Taylor. Philadelphia: Fortress Press, 1994.

Sugirtharajah, R.S., Ed. *Asian Faces of Jesus.* Maryknoll: Orbis Books, 1993.

Suh, Namdong. "Toward a Theology of Han." In *Minjung Theology: People as the Subjects of History.* Edited by the Commission on Theological Concerns of the Christian Conference of Asia. Maryknoll: Orbis Books, 1983.

Taylor, Charles W. *The Skilled Pastor: Counseling as the Practice of Theology.* Philadelphia: Fortress Press, 1991.

Thistlethwaite, Susan Brooks. *Sex, Race, and God. Christian Feminism in Black and White.* New York: Crossroad, 1989.

______________________. and mary Potter Engle, eds. *Lift Every Voice: Constructing Christian Theologies from the Underside.* San Franscico: HarperCollins, 1990.

Thorne, Barrie, and Marilyn Yalom. *Rethinking the Family: Some Feminist Questions.* New York: Longman, 1982.

Tillich, Paul. *The Courage to Be.* New York: New Heaven: Yale University Press, 1952.

______________________. *Love, Power, and Justice.* New York: Oxford University Press, 1954.

______________________. Paul Tillich. "The Meaning of Health." In *Religion and Medicine: Essays On Meaning, Values, and Health,* ed. D. Belgum. Ames: Iowa State University Press, 1967.

______________________. *The Meaning of Health: Essays in Extentialism,*

Psychoanalysis, and Religion. Edited by Perry LeFevre. Chicago: Exploration Press, 1984.

__________________________. *Systematic Theology,* 3 vol. Chicago: University of Chicago Press, 1957.

Trask, Haunani-Kay. *Eros and Power: The Promise of Feminist Theory.* Philadelphia: University of Pennsylvania Press, 1986.

Treat, Stephen, and Larry Hof. *Pastoral Marital Therapy: A Practical Primer for Ministry to Couples.* New York: Paulist Press, 1987.

Ulanov, Ann Belford. *The Healing Imagination: The Meeting of Psyche and Soul.* New York: Paulist Press, 1991.

Van Leeuwen, May Stewart, ed. *After Eden: Facing the Challenge of Gender Reconciliation.* Grand Rapids: Partnernoster Press, 1993.

Volf, Miroslav. *Exclusion and Embrace: A Theological Exploration of Identity, Otherness, and Reconciliation.* Nashville: Abingdon Press, 1996.

Walter. Marianne. *The Invisible Web.* New York: Guildford, 1989.

West, Angela. *Deadly Innocence: Feminism and Mythology of Sin.* New York: Mowbray, 1990.

White, Michael. *Narrative means to Therapeutic Ends.* New York: W. W. Norton, 1990.

Whitehead, James and Evelyn. *Community of Faith.* Lincoln (NE): Seabury Press, 1982.

Wicks, Robert J. *Clinical handbook of Pastoral Counseling.* New York: Paulist Press, 1984.

_______________. *Handbook of Spirituality for Ministers.* New York: Paulist Press, 1995.

_______________. and R. Parsons, eds. *Clinical Hnadbook of Pastoral Counseling.* vol. 2. Mew York: Paulist Press, 1993.

Williams, Daniel Day. *The Spirit and Forms of Love.* New York: Harper, 1963.

__________________________. *The Minister and The Care of Souls.* New York. Harper, 1961.

Wimberely, Edward P. *Prayer in Pastoral Counseling. Suffering, Healing, and Discernment.* Louisville: Westminster, 1989.

Young, Richard K., and Albert L. Meiburg. *Spiritual Therapy: How the Physican, Psychiatrist, and Minister Collaborate in Healing.* New York: Harper, 1960.

한국저술

안 진. 『한국에서 여성의 문제』. 사회문제 연구소. 1997.

변화순. 『한국 가족문화의 현재와 미래』. 서울: 사회문화연구소, 1995.

조효정. 『한국의 남성과 여성』. 서울: 문학과 지성사, 1989.

최재석. 『한국가족연구』. 서울: 일지사, 1994.

최성철. 『한국인의 정체성과 가치관』. 일심사, 1997.

조선일보. 1990년 2월 16일, 1994년 5월 14일.

전대련과 노종호. 『한국기독교사회운동』. 서울: 노단출판사, 1986.

동아일보. 1994년 5월 1일.

Dawson, Miles Meander, ed. with commentary. *The Ethics of Confucius: The Sayings of the Master and His Disciples upon the Conduct of "the Superior Man."* New York: Putnam's Sons, 1912.

Fisher, J. E. *Democracy and Mission Education in Korea.* New York: Columbia University, 1928.

Ha, Tae Hung. *Folk Customs and Family Life.* Yonse University Press, 1997.

함인희. "전환가족과 여성의 지위." 『21세기와 여성』. 서울: 한국여성발달기관, 1993.

한겨레신문. 1991년 12월 5일.

한남제. 『현대한국가족 연구』. 서울: 일지사, 1989.

홍성직. 『사회발달과 한국의 가치관』. 서울: 일지사.

황성모. "기독교주의와 한국" Korea Journal 7(2월 1967).

Hyun, Young Hak. *"Minjung: The Suffering Servant and Hope,"* a lecture at James Memorial Chapel, Union Theological Seminary, New York: April 13, 1982, p. 2.

The Independent, Editorial, vol. 3., no.1 (january 4, 1989).

장경섭. 『현대사회문제』. 사회문제연구소, 1997.

지은희. 『한국여성과 노동』. 서울: 이화여자대학교 출판사, 1996.

조효정. 『한국의 남성과 여성』. 서울: 문학과지성사, 1989.

Jo, Un, Jung Ok Lee, and Joo Hyun Jo., eds. *The Transition of Modern Family and Women Issues.* Seoul: Seoul National University Press, 1977.

Kang, Deuk-Hei. "Biological Sex Difference and Inequality." In *Women and Korean Society,* edited by Women Korean Society for Study of Culture Institute, 1994.

Kang, Joo Heun. *The Best Destiny of Women.* Koreawon, 1995.

Kim, Han-Gon. *Examination of the Imbalance of Sexuality.* Report of the Ministry of Health and Social Affairs, 1994

Kim, Ik Gi. *The Contemporary Social Problems.* Sahoimoone Youngooso, 1997.

Kim, In Kee. *The Social Change and Family.* Kyoungmoonsa, 1996.

Kim, Kyoung Hoon. *Korean Trends.* Seoul: Sillock Press, 1994.

Kim, Yong Bok. "Tradition, Revolution, Christianity." In *Korean Christianity Social Movement,* edited by Dae-ryuen Chun and Jong-Ho No. Seoul: Nondan Press, 1986.

Kim, Young Chun. *Women of Korea: A History from Ancient Times to 1945.* Seoul: EWHA Woman's University Press, 1976.

Korean Health and Social Institute. *Study of Birth Calendar and Family Culture.* Seoul: 1991.

Korean Women Research Society, eds. *Present and Future of Korean Family Culture.* Seoul: Social Cultural Institute, 1995.

Korean Women Society for Study, eds. *Women and Korean Society.* Seoul: Social Cultural Institute, 1994.

Kwon, Byung Oo. *Mother-in law and Daughter-in-law.* Yangyounggak, 1994.

경향신문. 1991년 3월22일

Chung, Hyun Kyung. *Struggle to be the Syn Again: Introducing Asian Women's Theology.* Maryknoll: Orbis Books, 1988.

__________________. "Who is Jesus for Asian Women." In *Asian faces of Jesus,* edited by R. S. Sugirtharajah. Maryknoll: Orbis Books, 1998.

Lee, Hyo Jae. *Korea Patriarchy System and Women.* Soeul: Youngsungkwa Sahoi, 1996.

Lee, Jae Hoon. *The Exploration of the Inner Wounds: Han.* American Academy of Religion, Academy Series, no. 86. Atlanta: Scholars Press, 1994.

Lee, Ki-baik. *A New History of Korea.* Translated by Edward W. Wanger. Cambridge: Harvard University Press, 1984.

Lee, Kwang Gyu. *Kinship System in Korea.* Seoul: Minumsa, 1994.

______________. *Understanding of the Contemporary Korean Family.* Seoul: Seoul National University Press, 1996.

______________. *Understanding of the Modern Korean Family.* Seoul: Seoul Natioanl University Press, 1984.

Lee, Mijeong. *Women's Education, Work, and Marriage in Korea.* Seoul: Seoul national University Press. 1988.

Lee, Sun Ai. "Image of God." *In God's Image* (September 1985).

Lee, Sung Hee. "Women's Liberation Theology as the Foundation for Asian Theology." *East Asian Journal of Theology* (February 1986).

민경배. 『한국기독교사』. 서울: 대한기독교출판사, 1985.

문옥표. 『한국 가족에서 여성 지위의 변화』. 한국정신문화연구, 1996.

Park, Andrew Sung. *The Wounded Heart of God: The Asian Concept of Han and the Christian Doctrine of Sin*. Nashville: Ab_ngdon Press, 1993.

박순경. 『한국민족과 여성의 신학의 일』. 서울: 현대신서, 1983.

박영옥. 『한국 여성의 유교주의에 대한 재고』. 한국여성연구, vol.1. 서울: 여성연구사회, 1985.

Reischauer, Edwin O., and John K. Fairbank. "Traditional Korea: A Variant of the Chinese Cultural Pattern," chapter 10 in *East Asia: The Great Tradition*. Boston: Houghton Mifflin, 1960.

Report of the Commission, III, Appendix A. *World Missionary Conference*, 1910.

손덕수. 『한국의 가난한 여성에 대한 연구』. 서울: 민중사, 1983.

Son, Seung Young. "The Family Composition of the Elderly Spouse and the Relation of the Family." In *The Relation of Korean Family,* edited by Korean Women Research Society. Seoul: Social Cultural Institute, 1994.

Wong, Aline W. "Women in China: Past and Present." In *Many Sisters: Women in Cross-Cultural Perspective,* edited by Carolyn J. Matthiasson. New York: Free Press, 1974.

박중수

영남대학교
장로회신학대학 교역학 석사(M. Div.)
장로회신학대학 신학 석사(Th. M.)
Colgate Rochester Divinity School(M. A.)
Chicago Theological Seminary(Ph. D.)
Alexian Brothers Medical Center에서 Clinical Pastoral Education.
The Society for Pastoral Theology 회원
한국목회상담협회 감독, 영남지회 회장
한국임상교육협회 감독, 부회장
한국목회상담협회 이사
영남신학대학교 학생생활상담소 소장
영남신학대학교 교수

『한국임상목회교육개론』(공저)
「Divorce and Reconciliation」
「힘의 남용에 대한 목회신학적 이해」
「비탄에 대한 목회상담학적 이해」
「The Anguish of the Korean Woman's Soul: Feminist Theologians On a Real-Life Issue」(Journal of Pastoral Psychology)

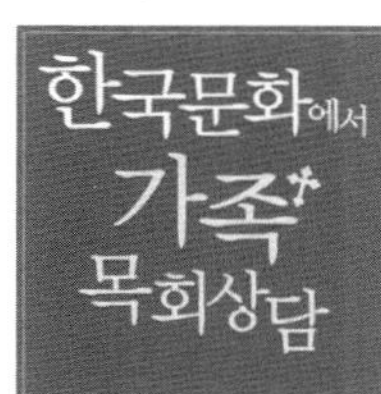

초판인쇄 | 2011년 9월 28일
초판발행 | 2011년 9월 28일

지 은 이 | 박중수
펴 낸 이 | 채종준
펴 낸 곳 | 한국학술정보㈜
주   소 | 경기도 파주시 교하읍 문발리 파주출판문화정보산업단지 513-5
전   화 | 031) 908-3181(대표)
팩   스 | 031) 908-3189
홈페이지 | http://ebook.kstudy.com
E-mail | 출판사업부 publish@kstudy.com
등   록 | 제일산-115호(2000. 6. 19)

ISBN   978-89-268-2655-3 93230 (Paper Book)
         978-89-268-2656-0 98230 (e-Book)

내일을여는지식 은 시대와 시대의 지식을 이어 갑니다.